国土空间规划 GIS 技术应用教程

黄焕春　贾琦　朱柏葳　曾鹏　等 著

东南大学出版社
SOUTHEAST UNIVERSITY PRESS
·南京·

图书在版编目(CIP)数据

国土空间规划 GIS 技术应用教程/ 黄焕春等著. —南京：东南大学出版社，2021.8（2024.1 重印）
ISBN 978-7-5641-9624-0

Ⅰ.①国… Ⅱ.①黄… Ⅲ.①地理信息系统—应用—国土规划—中国—教材 Ⅳ.①F129.9-39

中国版本图书馆 CIP 数据核字（2021）第 161438 号

国土空间规划 GIS 技术应用教程

GUOTU KONGJIAN GUIHUA GIS JISHU YINGYONG JIAOCHENG

著　者：黄焕春　贾琦　朱柏葳　曾鹏　等
出版发行：东南大学出版社
社　　址：南京市四牌楼 2 号　　邮编：210096
出 版 人：江建中
责任编辑：朱震霞
网　　址：http://www.seupress.com
电子邮箱：press@seupress.com
经　　销：全国各地新华书店
印　　刷：广东虎彩云印刷有限公司
开　　本：787mm×1092mm　　1/16
印　　张：12.75
字　　数：310 千字
版　　次：2021 年 8 月第 1 版
印　　次：2024 年 1 月第 3 次印刷
书　　号：ISBN 978-7-5641-9624-0
定　　价：80.00 元

本社图书若有印装质量问题，请直接与营销部联系。电话：025-83791830

著写人员名单

主要著写：黄焕春

著写成员：贾 琦　朱柏葳　曾 鹏
　　　　　杨海林　邓 鑫　周鑫辉
　　　　　陈 铿　马 原　张姝颖

作者简介

黄焕春，天津大学建筑学院博士，南京大学建筑与城市规划学院博士后，现任南京林业大学风景园林学院副教授，硕士生导师。研究领域为GIS在风景园林中的应用、城市生态规划、地理设计与城市模拟、城市物理环境、风水理论与应用。发表学术论文35篇，其中SCI/SSCI/EI期刊论文6篇，CSCD/CSSCI核心期刊论文11篇，出版专著2部；主持1项国家自然科学基金项目，1项中国博士后基金项目，1项南京林业大学青年创新项目，参与6项国家自然科学基金项目。

主要承担本科生、研究生的专业课程，讲授《地理信息系统(GIS)应用》《环境行为学》《风景区规划设计》《景观生态规划》《城乡生态与环境规划》《城市总体规划》《城市规划原理》等。曾赴美国佛罗里达大学及国内多所高校进行学术讲座。

主持参与大量风景园林、城乡规划设计项目，运用遥感、GIS、数理统计、大数据、人工智能、景观生态学、元胞自动机等技术和方法，进行绿道规划、旅游发展规划、风景名胜区规划、城市总体规划项目实践，规划项目分布在辽宁、贵州、福建、江苏、河南、河北、安徽、青海、江西等地。

贾琦，天津大学建筑学院博士，现任郑州轻工业大学艺术设计学院讲师，三级校特聘教授，硕士生导师。主要从事国土空间景观生态修复研究，尤其是基于GIS、RS等大数据分析的应用与实践。主持国家自然科学基金(青年项目)1项，住房和城乡建设部科学技术项目、河南省哲学社会科学规划项目、河南省自然科学基金等省部级科研项目4项，获河南省社科联二等奖1项；发表论文16篇(其中CSSCI收录3篇，CSCD收录5篇)，出版著作1部。承担本科生《环境设计理论B(GIS生态设计)》《旅游规划》等课程教学工作。

朱柏葳，台北大学都市计划学系博士，现任澳门科技大学人文艺术学院助理教授，硕士生导师。致力于城市建成环境更新、健康景观公共政策、景观设计多属性决策等研究工作。在国内外重要学术期刊与会议上发表论文十余篇，其中SCI/SSCI/A&HCI期刊论文6篇。主要承担本科生、研究生的专业课程，讲授《城市公共空间设计》《设计策划与资讯方法》《建筑设计》等。

曾鹏，天津大学建筑学院副院长，教授，博士生导师；住建部全国高等学校城乡规划专业评估委员会委员、中国城市规划学会小城镇规划学术委员会委员、中国建筑学会村镇建设分会常务委员、中国城市科学研究会韧性城市专委会秘书长、中国城市科学研究会城市治理专委会委员、天津市科协第九届委员、天津城市规划学会党支部书记，副理事长、天津城市规划学会小城镇与乡村规划专业委员会主任委员,《小城镇建设》等期刊编委。主持多项国家自然科学基金面上项目、国家重点研发计划等国家级科研项目;在国内外核心期刊和重要学术会议发表论文近百篇;主持规划设计项目数十项,获多项省部级勘察设计奖项。

前言
PREFACE

  经过多年学科与规划实践的发展，GIS 技术已经成为土地利用规划、城乡规划、主体功能区划等研究的重要技术手段。新的国土空间规划体系中，GIS 已经提升为空前重要的技术支撑。2019 年 5 月 23 日，国务院颁布《中共中央国务院关于建立国土空间规划体系并监督实施的若干意见》，提出建立新的国土空间规划体系，强调完善国土空间基础信息平台，以自然资源调查监测数据为基础，采用国家统一的测绘基准和测绘系统，整合各类空间关联数据，建立全国统一的国土空间基础信息平台。随后，自然资源部印发《关于全面开展国土空间规划工作的通知》，其中明确规定，规划编制统一采用第三次全国国土调查数据作为规划现状底数和底图基础，在 2000 年国家大地坐标系、1985 年国家高程基准下，进行规划制图和相关方案表达。2019 年 6 月 26 日，国务院办公厅又颁布了《关于建立以国家公园为主体的自然保护地体系的指导意见》，再次强调 GIS、RS 在建设各类各级自然保护地"天空地一体化"监测网络体系，开展生态环境监测、评估和预警生态风险中的作用。

  目前，在多规合一的新形势下，相关院校的教学人员、从业人员对 GIS 具有浓厚的兴趣和较高的期望。笔者从业规划设计的 10 余年中，屡屡见到 GIS 做的分析是错误的，或者不符合相关行业标准，有时是事后发现；有的是评审发现的，但是碍于面子常常隐晦提下。发现 GIS 应用存在这样效率低下的状况，笔者考虑应该从本科和研究生教育做起，写一本提供 GIS 应用正确做法的教材，为学生未来从事规划设计工作打下基础。

  在风景园林、城乡规划 GIS 教学中，尝试以空间规划设计中的主要问题为主线，把 GIS 的空间分析理论与规划实践知识进行综合，同时以实际应用的案例进行教学。实践证明，利用 GIS 技术可以很快解决国土空间规划中的实际问题，学生学习兴趣极大提升，学习效率明显提高，实际规划设计项目的完成也更加科学高效。

  本书作为多年本科和研究生教学的总结，同时面向国土空间规划的规划师与科研工作者，介绍一系列 GIS 辅助规划设计技术方法和模型，支持国家、省、市、县、乡镇等不同层级的规划，为总体规划、详细规划和相关专项规划提供分析。这些技术方法涵盖了景观规划设计的全过程，如资源环境承载能力分析、国土空间开发适宜性评价、通风廊道分析、生态安全格局分析、用地适宜性评价、三维场地分析、三维地形构建、景观视域分析、交通网络构建、绿道选址、空间句法研究、城市模拟等。

  本书根据国土空间规划的业务与科研需求，详细介绍了多种 GIS 应用方法、GIS 分析工具和分析模型，能极大地提高风景园林规划分析的技术和水平，增强设计的科学性。

本书的特点：

1. 以国土空间规划编制流程为线索，结合实际项目进行章节的组织

针对国土空间规划编制前后的典型问题，一个章节解决一个典型问题，由浅入深穿插介绍 GIS 的功能和方法。书中的应用案例精选自大量的规划实践，可以避免针对性不足，更加贴近国土空间规划领域的需求，例如，资源环境承载能力分析、国土空间开发适宜性评价、交通网络分析、通风廊道分析等。

2. 不需要读者提前具备 GIS 基础

读者根据本书提供的操作步骤，可一步步地完成分析，参照本书案例可以解决实际国土空间规划与自然保护地研究中的问题。本书编写过程中努力降低 GIS 操作对于初学者的难度，消除读者对 GIS 软件的畏惧感，增强读者学习 GIS 的信心。

3. 可根据需要即学即用，无须通读全书

除第 1~3 章外，本书各个章节相对独立，每章只针对国土空间规划实践中的一个典型问题，详细讲解基于 GIS 的解决方案和操作步骤。读者学习完前两章，就会拥有较好的操作基础，然后就可以根据需要，直接参考相应章节的案例和操作步骤，解决实际问题。而对于具有一定 GIS 基础的读者，可以根据实际需要直接查找所需技术。

4. 本书侧重"授人以渔"，着重 GIS 分析问题的能力培养

本书提供了大量利用 GIS 进行国土空间规划的思路，通过案例训练读者综合运用 GIS 解决规划问题的能力，特别是为规划方案分析提供了良好的模型解决途径。全书空间分析理论与软件操作并重，让读者跳出以软件为核心的学习模式，理解空间分析的理论与模型，正确使用 GIS 软件平台。在国土空间规划的项目应用和科研中，可明确该技术的使用范围，避免似是而非地错误使用。

本书使用的软件：

本书采用 ArcGIS 10.6 作为教学软件，该软件具有良好的使用反馈情况。它由美国环境系统研究所公司(Environmental Systems Research Institute, Inc. 简称 ESRI 公司)开发，该公司是世界最大的地理信息系统技术提供商。读者可自行前往 ESRI 官网https://www.esri.com/en-us/arcgis/products/index 下载，通过个人邮箱注册申请试用软件。

ArcGIS 无论是在桌面、在服务器、在野外，还是通过 Web 都能为用户提供 GIS 功能。ArcGIS 是一个建设完整 GIS 的软件集合，它包含了一系列部署 GIS 的框架：ArcGIS Desktop——一个专业 GIS 应用的完整套件；ArcGIS Engine——为定制开发 GIS 应用的嵌入式开发组件；服务端 GIS——ArcSDE、ArcIMS 和 ArcGIS Server。2010 年，ESRI 推出 ArcGIS 10 后，ArcGIS for Desktop 质量和性能得到全面提升，大数据支持能力彰显。ArcGIS 三维可以共享 3D Web 场景，并与 CityEngine 深度集成。相对于传统经典版本 ArcGIS 9.3 的稳定性，ArcGIS 10 版本仍显不足。

本书使用方法：

1. 没有 ArcGIS 操作基础的读者，请首先学习本书的第 1、2 章。

2. 本书以教学和实际项目实践并重。读者可通过本书相关章节，解决国土空间规划实践和研究问题，其中会对案例进行介绍和问题描述，提出解决方案的知识背景、理论依据和

模型方法等,并且本书给出了具体操作步骤。读者也可根据参考文献进一步研究。

3. 本书所附练习数据,各章的随书数据存放在相应的文件夹中,文件夹分别命名为 chp01、chp02、chp03 等,内有练习原始数据,可通过扫描二维码下载。

适用对象:

本书详细介绍了 GIS 在国土空间规划行业的具体应用,适合于城乡规划、风景园林、环境科学等专业的本科生、研究生,以及涉及国土空间规划的规划院工作者、规划管理人员阅读,也可为城市分析相关科研人员提供参考。

致谢:

GIS 在国土空间规划中具有非常广泛的应用,本书内容只是作者就多年应用的经验总结和系统化梳理的初步成果。在此衷心感谢所有为本书提供 GIS 尝试探索机会的规划设计单位,以及参与 GIS 实验和项目规划设计的同事和风景园林、城市规划专业研究生赵毅敏、李阳、张姝颖、刘璇。

由于作者的水平有限,书中难免出现疏漏,敬请读者批评指正。作者邮箱 271145162@qq.com。

目录 CONTENTS

第一章　软件介绍与基础操作 ·· 001

  1.1　GIS 概述 ·· 001

      1.1.1　GIS 的发展历史 ·· 001

      1.1.2　GIS 系统构成 ·· 002

      1.1.3　GIS 空间数据 ·· 003

      1.1.4　GIS 的基本功能 ·· 004

  1.2　ArcGIS 概述 ·· 005

      1.2.1　ArcGIS 桌面应用 ·· 005

      1.2.2　ArcGIS 的基本功能 ·· 006

  1.3　ArcGIS 基本操作 ··· 007

      1.3.1　创建新地图文档 ·· 008

      1.3.2　加载数据文件 ·· 008

      1.3.3　图层的基本操作 ·· 010

      1.3.4　浏览地图 ·· 012

      1.3.5　查询地理信息 ·· 012

      1.3.6　视图切换 ·· 013

      1.3.7　输出为图片格式 ·· 013

      1.3.8　保存地图文档 ·· 014

  1.4　地图设计的原则 ·· 015

      1.4.1　视觉层次原则 ·· 015

      1.4.2　对比原则 ·· 016

      1.4.3　图底关系 ·· 017

      1.4.4　视觉平衡原则 ·· 020

第二章　坐标投影转换与校正 ·· 022

  2.1　GIS 的空间参照系 ··· 022

      2.1.1　投影坐标系 ·· 022

      2.1.2　地理坐标系 ·· 023

2.2 国土空间规划的空间参考 ·· 024
    2.2.1 2000 国家大地坐标系 ·· 024
    2.2.2 1985 国家高程 ··· 025
    2.2.3 第三次全国国土调查数据 ·· 025
2.3 空间校正 ··· 025
2.4 GIS 数据与 CAD 相互转换 ·· 030
    2.4.1 GIS 和 CAD 联合制图 ·· 030
    2.4.2 CAD 转为 GIS 数据 ··· 032
    2.4.3 GIS 数据转为 CAD ·· 033

第三章 交通网络分析 ··· 034

3.1 交通网络中的基本概念 ·· 034
    3.1.1 网络的概念 ·· 034
    3.1.2 网络数据集的组成 ·· 034
    3.1.3 网络数据集中的转弯 ·· 035
    3.1.4 连通性和连通策略 ·· 035
3.2 交通网络构建 ··· 036
    3.2.1 数据加载 ·· 036
    3.2.2 数据整理与计算 ·· 036
    3.2.3 交通网络构建操作 ·· 041
3.3 最短路径的计算 ··· 045
3.4 设施服务区分析 ··· 048

第四章 生态敏感性分析 ··· 051

4.1 生态敏感性的基本概念 ·· 051
4.2 单因子评价 ··· 051
    4.2.1 坡度因子 ·· 051
    4.2.2 起伏度因子 ·· 052
    4.2.3 坡向因子 ·· 053
    4.2.4 NDVI ··· 054
    4.2.5 水体敏感性分析 ·· 055
    4.2.6 污染敏感性分析 ·· 056
4.3 综合影响评价 ··· 057
    4.3.1 评价权重 ·· 057
    4.3.2 生成评价图 ·· 058
4.4 生态安全格局分析 ··· 058
    4.4.1 生态安全格局的概念 ·· 058
    4.4.2 单因子生态安全格局 ·· 060
    4.4.3 综合安全格局 ·· 062

第五章　最佳园路分析 ... 063

5.1 园路分析基本概念 ... 063
5.2 最佳园路分析基本操作步骤 ... 064
5.2.1 坡度成本数据集 ... 064
5.2.2 土地利用成本数据集 ... 065
5.2.3 景观点成本数据集 ... 066

第六章　城市公共卫生规划支持分析 ... 072

6.1 城市公共卫生规划概况 ... 072
6.2 GIS在霍乱中的应用概述 ... 072
6.3 GIS在霍乱中应用的基本操作 ... 072
6.3.1 创建泰森多边形 ... 073
6.3.2 空间连接 ... 075
6.3.3 汇总统计频数 ... 076
6.3.4 视图布局 ... 077

第七章　通风廊道分析 ... 080

7.1 通风廊道的基本概念 ... 080
7.2 地形条件分析 ... 080
7.2.1 数据加载 ... 080
7.2.2 DEM数据的重分类与赋值评价 ... 081
7.3 城市建筑环境分析 ... 083
7.3.1 数据加载与处理 ... 083
7.3.2 面转栅格 ... 084
7.4 城市道路通风性能评价 ... 087
7.5 城市开敞空间分析 ... 089
7.6 基于多因子综合评价的城市通风廊道适宜性分析 ... 094

第八章　水文分析 ... 096

8.1 水文建模工具 ... 096
8.2 水文分析操作方法 ... 097
8.2.1 流向分析 ... 097
8.2.2 填洼处理 ... 097
8.2.3 描绘分水岭 ... 103
8.2.4 创建河流网络 ... 103
8.2.5 转换成矢量河网 ... 104
8.2.6 河网分级 ... 107
8.2.7 确定水流路径长度 ... 108

第九章 国土空间规划双评价 ······ 110

9.1 国土空间规划基本概念 ······ 110
9.2 国土空间规划技术流程 ······ 110
9.2.1 数据要求与准备 ······ 110
9.2.2 数据精度与参数要求 ······ 111
9.2.3 数据资料清单(表9-1) ······ 111
9.2.4 评价工作流程(图9-1) ······ 113
9.3 城镇建设适宜性评价 ······ 113
9.3.1 土地资源评价 ······ 113
9.3.2 水资源评价 ······ 116
9.3.3 气候评价 ······ 118
9.3.4 环境评价 ······ 120
9.3.5 灾害评价 ······ 123
9.3.6 区位优势度评价 ······ 125
9.4 城镇建设适宜性集成评价 ······ 133
9.4.1 初判城镇建设条件等级 ······ 133
9.4.2 修正城镇建设条件等级 ······ 133
9.4.3 城镇建设适宜性划分 ······ 136

第十章 追踪分析 ······ 137

10.1 追踪分析概述 ······ 137
10.1.1 追踪分析的概念 ······ 137
10.1.2 相关术语 ······ 137
10.1.3 Tracking Analyst 启用 ······ 138
10.2 飓风追踪案例分析 ······ 138
10.2.1 添加时态数据 ······ 138
10.2.2 检查飓风数据 ······ 140
10.2.3 数据符号化 ······ 143
10.2.4 回放时态数据 ······ 144
10.2.5 高亮显示特殊事件 ······ 145

第十一章 地统计分析 ······ 148

11.1 地统计分析概述 ······ 148
11.1.1 地统计的概念 ······ 148
11.1.2 半变异函数 ······ 148
11.1.3 插值方法 ······ 148
11.1.4 交叉验证 ······ 149
11.2 地统计数据浏览 ······ 150

    11.2.1　直方图数据查看 ･･ 150
    11.2.2　浏览空间自相关和方向影响 ･････････････････････････････････ 153
    11.2.3　数据全局趋势识别 ･･ 155
  11.3　绘制温度场图 ･･ 156

第十二章　模型构建器 ･･ 160

  12.1　模型构建器概述 ･･ 160
    12.1.1　模型构建器的概念 ･･ 160
    12.1.2　模型元素 ･･ 160
    12.1.3　迭代器 ･･ 161
  12.2　使用模型构建器创建工具 ･･ 162
    12.2.1　创建初始模型 ･･ 162
    12.2.2　显示工具参数 ･･ 162
    12.2.3　创建模型参数 ･･ 163
    12.2.4　对模型元素重命名 ･･ 164
    12.2.5　设置模型参数顺序 ･･ 164
    12.2.6　设置模型参数类型 ･･ 165
    12.2.7　模型参数设置过滤器 ･･ 165
  12.3　生态分析建模 ･･ 166
    12.3.1　准备建模工具 ･･ 166
    12.3.2　坡度分析 ･･ 168
    12.3.3　植被敏感性分析 ･･ 169
    12.3.4　水体敏感性分析 ･･ 170
    12.3.5　环境敏感性分析 ･･ 171
    12.3.6　综合分析模型 ･･ 172
    12.3.7　符号化应用 ･･ 174

第十三章　地理设计 ･･ 177

  13.1　国土空间规划的地理设计要求 ･･ 177
  13.2　地理设计概述 ･･ 178
    13.2.1　地理设计的概念 ･･ 178
    13.2.2　地理设计的框架 ･･ 178
  13.3　地理设计模型案例 ･･ 179
    13.3.1　案例区域概况 ･･ 179
    13.3.2　变化模型 ･･ 179
    13.3.3　影响模型——生态安全格局分析 ･･････････････････････････････ 181
    13.3.4　决策模型——合理优化途径 ･･････････････････････････････････ 182

参考文献 ･･ 186

第一章
软件介绍与基础操作

随着现代信息技术的不断发展,计算机技术快速发展,并应用于各个领域。随着需求的不断增长,地理信息系统(geographic information system,GIS)技术也在逐步改进和完善。目前,地理信息系统的应用包括城市园林景观设计和规划、环境监测、医疗救护、运输导航、金融业等领域,是当前应用领域最广、系统用户最多的软件平台。本章将详细介绍地理信息系统和 ArcGIS 软件的基本理论知识和相关实践操作。

1.1 GIS 概述

GIS 是基于计算机软硬件系统,对整个或者局部地球表层空间中的相关空间分布数据进行采集、存储、管理、运算、分析、显示和描述的技术系统。其主要是对多种地理空间实体数据及其之间的关系进行处理及分析,包括属性数据、图形数据、空间定位数据、遥感影像数据等。GIS 是一个综合性系统,包含地图学、遥感、地理学和计算机科学,其综合适用型功能已广泛应用于相关领域,为园林景观设计等相关空间规划提供技术支持。

1.1.1 GIS 的发展历史

20 世纪 60 年代,地理信息系统的早期尝试首先在北美开展。60 年代初期,IBM 开发的大型计算机进入市场,应用于数据、业务的管理和数学、物理学等方面的计算。一些研究机构和大学开始在地理数据统计和模型空间分析上使用计算机。军事机关和国土测量机关等也使用计算机对航空图片进行处理,使地图的制作自动化。如加拿大测量地图局开发了制作 1∶50 000 比例系列地图的自动化程序。不久,霍华德·费舍尔(Howard Fisher)在哈佛大学成立了电脑成像研究所,开发了专门用于地图制作的软件包 SYMAP,该软件包采用了当时比较容易使用的标准,受到了广泛欢迎,很多北美、欧洲以及日本的政府与民间机构、大学等相继使用,SYMAP 因此成为最早被广泛使用的处理地理信息的电脑软件包。

几乎同时,加拿大政府委托罗杰·汤姆林森(Roger Tomlinson)领导加拿大农业振兴开发局(ARDA)的开发工作。在这之前,汤姆林森在进行森林调查时,已经认识到对地图的分析完全依赖手工操作成本太高,因此他极力主张使用计算机,并且得到 IBM 公司的技术支持。在加拿大农业振兴开发局的软件应用中,包括了扫描输入、图像输出打印、地图数字化、数据索引化等GIS的主要要素。1968年，国际地理学联合会（IGU）成立了地理数据观测和处理委员会，汤姆林森任委员长。该委员会在20世纪70年代初期主持了一系列重要的国际会议，推广了GIS的概念，并且参与了美国地质勘探局（USGS）空间数字数据处理的分析评价工作。汤姆林森也因此被称为"GIS之父"。

20世纪70年代以后，由于计算机技术的发展，许多发达国家对GIS展开了大规模的应用研究，并先后建立了不同类型和规模的地理信息系统。法国建立了深部地球物理信息系统和地理数据库系统（GITAN）；美国地质勘探局建立了用于土地资源数据处理和分析的地理信息系统（GIRAS）；瑞典建立地理信息系统分别应用于国家、区域和城市三个级别以及各级别的多个领域；日本国土地理院（GSI）建立数字国土信息系统，主要应用于国家和地区土地规划。20世纪80年代以后，随着个人电脑普及，GIS技术在多个方面取得突破，涌现出大量地理信息系统相关软件，如Arc/Info、MapInfo、TNTmips、Genamap、MGE、Cicad、System 9等。20世纪90年代，地理信息产业和数字化信息产品在全球范围内得到普及，并开始全面应用于多种学科领域，地理信息系统逐渐成为必备的工作系统。

1.1.2　GIS系统构成

完整的GIS系统一般包括硬件系统、软件系统、空间数据和系统操作人员四部分。其中，硬件系统为基础，软件系统为核心，空间数据为GIS的分析和处理对象，系统操作人员决定工作方法和信息表达方式。园林景观设计的GIS空间和可达性分析，主要是以景观设计中的具体问题为基础，结合相关数据（场地现有条件及设计需求），再利用相关GIS平台进行分析和处理。

硬件系统是组成计算机的物理设备的统称，是由光、磁、电、机械器件构成的具备计算、控制、存储、输入和输出功能的实体部件。典型的硬件系统包括计算机以及扫描仪、数字化仪、磁带机、绘图仪等外部相关设备。这些硬件支撑相关操作，完成数据处理及保存，并向系统用户反馈信息或结果。

GIS软件系统是指GIS运行所必需的相关程序。GIS运行需要两个软件系统：系统软件和地理信息系统软件，用于管理资源及程序的运营，支持对空间数据的输入、存储和分析，是GIS常规操作所必需的软件。

空间数据用于表达以地球表面位置为参照的有关空间实体的位置、方向、形状、大小和几何拓扑关系的数据，为GIS的处理对象，一般可以用图形、影像、文字、数字和表格进行表示，通过硬件程序进行输入。空间数据包括栅格数据和矢量数据两种形式。栅格数据是按照分割的有规律的网格单元进行行列排列，并赋予对应的属性值，一般可以通过栅格法、转换法、分类影像输入和扫描数字化来获得表达实体信息的阵列数据，包括卫星影像、数字高程模型、数字栅格图形、数字正射影像及图形文件等类型。矢量数据通过记录坐标的方式表现地理实体的空间位置信息，用于表达具有大小和方向的地理要素。

系统操作人员是构成地理信息系统的重要因素，相关技术人员对系统进行组织、管理、维护和数据更新、系统程序完善以及应用程序开发，并充分利用空间分析模型提取多种信息，为分析、处理和决策服务。地理信息系统设计、开发、维护人员及相关专家的技术水平和涵养是系统正常运行的基础保障。

1.1.3 GIS空间数据

空间数据结构是指数据组织的形式,是适合于计算机存储、管理和处理的数据逻辑结构,是数据模型和文件格式之间的中间媒介。它是对数据的一种理解和解释,对同样的一组数据,按不同的数据结构处理,就会得到完全不同的结果。空间数据结构是地理信息系统沟通空间信息的纽带,只有充分理解地理信息系统中运用的空间数据结构,才能正确使用地理信息系统处理空间信息。

GIS空间数据包括栅格(raster)和矢量(vector)两种数据结构。在栅格模型中,用空间单元(cell)或像元(pixel)来表达空间实体;在矢量模型中,用点、线、面表达空间实体。

1.1.3.1 栅格数据结构

(1) 栅格数据定义与特点

栅格数据结构是最简单、最直接的空间数据结构,呈像元阵列式,每个像元由行列确定了它在实际空间中的位置,具有属性值,用像元的属性值表示空间对象的属性或属性编码。每个像元的位置由行列号确定,通过单元格中的值表示这一位置的物或现象的非几何属性特征(如高程、温度等)。栅格像元形状除了最基本的正方形之外,还可以是等边三角形或六边形等。

栅格数据可以是卫星遥感影像、数字高程模型、数字正射影像或扫描的地图等,它可以是离散数据,如土地利用类型,也可以表示连续数据,如高程、水量和温度等(图1-1)。

图1-1 2018年南京市某公园遥感栅格影像

栅格数据结构的优点在于:结构简单,易于数据交换,易于叠置分析和地理现象模拟,便于图像处理和进行遥感数据分析,成本较为低廉,便于获取,输出快速。缺点主要是结构不紧凑,图形数据占用空间大,投影转换较繁琐。

(2) 栅格数据的建立与获取

① 建立途径。

a. 手工建立,专题图上划分均匀网格,逐个决定其网格代码。

b. 扫描仪扫描专题图的图像数据{行、列、颜色(灰度)},定义颜色与属性对应表,用相应属性代替相应颜色,得到(行、列、属性),再进行栅格编码、存储,即建立该专题图的栅格数据。

c. 由矢量数据转换而来。

d. 对于遥感影像数据,对地面景象的辐射和反射能量扫描抽样,并按不同的光谱段量化后,以数字形式记录下来的像素值序列即作为栅格数据。

e. 格网数字高程模型(Digital Elevation Model, DEM)数据,当属性值为地面高程,则为格网 DEM,通过 DEM 内插得到。

② 获取路径。

通常可以从各级政府、企业数据分发机构获得栅格数据。如遥感影像栅格数据可以从各个卫星公司购买获得,也可以从政府或者企事业单位网站下载获得免费遥感栅格数据。

1.1.3.2 矢量数据结构

(1) 矢量数据定义与特点

矢量数据结构通过记录坐标的方式尽可能精确地表示点、线、多边形等地理实体;是通过记录空间对象的坐标及空间关系来表达空间对象的位置(图 1-2)。

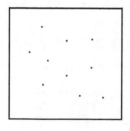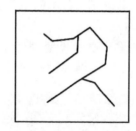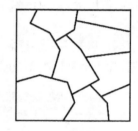

图 1-2 点、线、面的矢量数据

矢量数据结构的特点是定位明显、属性隐含,其定位是根据坐标直接存储的,而属性则一般存于文件夹或数据结构中某些特定的位置上。这种特点使矢量数据图形运算的算法总体上比栅格数据结构复杂得多,在计算长度、面积、形状和图形编辑、几何变换操作中,矢量结构有很高的效率和精度,输出图形质量好、精度高,而在叠加运算、邻域搜索等操作中则比较繁琐与困难。

(2) 矢量数据的获取

① 由测量获得。可利用测量仪器自动记录测量成果,然后输入地理信息数据库中。

② 由栅格数据转换获得。利用栅格数据矢量转换技术,把栅格数据转换为矢量数据。

③ 扫描与跟踪数字化。将地图等纸本数据扫描进而跟踪数字化,转换成离散的矢量数据。

1.1.4 GIS 的基本功能

(1) 数据采集与编辑

数据采集主要是收集多种形式和来源的数据,并统一转换成相同的数据格式和坐标系统,保证其在空间和内容上的完整性、数值逻辑一致性与正确性等。数据编辑主要包括图形编辑和属性编辑,其中图形编辑包括建立拓扑关系、编辑整饰图形、拼接图幅、变换投影及校正误差等;属性编辑主要是将数据与数据库管理结合。

(2) 数据存储与管理

对空间数据和属性数据进行存储与管理是构建 GIS 数据库的关键操作。栅格模型、矢量模型或栅格-矢量混合模型是常用的地理数据组织方式。系统的数据分析功能和精度在一定程度上取决于空间数据结构的选择,GIS 空间分析的能力大小则取决于属性数据。将空间数据与属性数据相结合,能有效记录地表实体在时间节点上的变化特征。

(3) 空间分析与处理

空间查询是 GIS 的最基本功能,空间分析是 GIS 的核心功能,也是 GIS 与一般信息系统的主要区别,一般包括缓冲区分析、可达性分析、适应性分析、地形分析、邻域分析及数字高程模型建立等。空间分析模型基于 GIS 系统,为园林景观设计等提供依据和支持。

(4) 数据与图形的显示表达

GIS 为系统用户提供多种工具用于表达地理数据,包括二维显示和三维显示,栅格数据和矢量数据具有多种不同符号化表达方法,且两者可相互叠加,可以通过计算机屏幕的图形、表格等进行形式表达。

1.2 ArcGIS 概述

ArcGIS 是 ESRI 公司开发的一套综合的 GIS 软件,是目前相关领域应用最广的 GIS 系列软件之一。作为一种可伸缩平台,可以通过 Web 为在桌面、服务器或野外的个人用户、群体用户提供 GIS 的相关功能。基于 GIS 软件可以进行地理信息的浏览、分析、编辑、存储和发布以及地理信息系统的开发等基础的地理信息有关功能。

1.2.1 ArcGIS 桌面应用

ArcGIS 桌面应用是一系列整合应用的可伸缩应用程序总称,包含 ArcGIS Desktop、ArcGIS Engine、ArcGIS Server、ArcGIS Mobile、ArcGIS Online 五部分。

1.2.1.1 ArcGIS Desktop

ArcGIS Desktop 是一套完整的 GIS 应用软件,包含 ArcMap、ArcCatalog、ArcToolbox,以及 ArcGlobe 等用户界面组件,其功能可分为 ArcView、ArcEditor 和 ArcInfo,且三个等级的功能强度逐渐递增,其中 ArcInfo 功能最为全面,可以满足用户不同程度的需求,实现从简单到复杂的 GIS 分析和处理任务。

1.2.1.2 ArcGIS Engine

ArcGIS Engine 是一个用于创建自定义 GIS 桌面程序的软件开发引擎,是 ArcGIS 平台的核心应用程序,包括 C++、COM、.NET 框架和 Java 等多种开发语言,可以在 Windows、Linux 和 Solaris 等平台运行。

1.2.1.3 ArcGIS Server

ArcGIS Server 是一个基于服务器的功能强大的中心应用 GIS 产品,主要针对企业和网络开发者在 Web 计算框架中构建服务器端的 GIS 应用,由 GIS 服务器和.NET 与 Java 的 Web 应用开发框架(ADF)两部分组成,具有丰富的 GIS 功能。

ArcGIS 开发者使用 ArcGIS Server 可以构建 Web 应用、Web 服务,以及其他运行在标准的.NET 和 J2EE Web 服务器上的企业应用,如 EJB,可将地理信息中的数据和地图以服务的形式表达和发布。

1.2.1.4　ArcGIS Mobile

ArcGIS Mobile 可将 ArcGIS 的应用范围拓展到野外,通过运用车载 Windows 触摸设备和手持式 Windows Mobile 设备,完成野外应用程序中心的任务。它主要针对企业用户,并支持现场工作流模式,可供车载或手持机使用以替代传统纸质测量。

ArcGIS Mobile 包含三部分:一个以任务为向导的移动应用程序 Mobile Application;一个名为"Mobile 项目中心"的桌面应用程序 Desktop Application;一个用于构建专用应用程序的 SDK。

1.2.1.5　ArcGIS Online

ArcGIS Online 是一个面向全球用户的 GIS 平台,是一种全新的 GIS 软件应用程序,为用户提供了可安全配置的、较全面的 GIS 服务。ArcGIS Online 包含全球范围内的底图、地图数据和应用程序,以及可配置的应用模板和开发人员使用的 GIS 工具及 API,可用于创建 Web 地图、共享地图和发布 GIS 服务、数据和应用程序,以及同时管理组织的内容和多个用户。

1.2.2　ArcGIS 的基本功能

从实现地理信息系统基本功能的角度来看,ArcGIS 具备地理数据的显示和发布、地理数据的编辑、地理数据的查询和管理、地理数据的处理等完整功能框架。

从软件本身功能模块来看,主要包括以下几大功能。

1.2.2.1　空间数据的编辑和管理功能

空间数据的编辑和管理是地理信息系统软件的基本功能之一。ArcGIS 具有强大的数据编辑、版本管理、数据共享、企业级数据管理功能,还具有空间数据采集、空间数据库创建、拓扑关系创建与管理等功能。

从基本数据管理功能上看,ArcGIS 的 geodatabase 空间数据库可以理解为存放在同一位置的各类型地理数据集的集合,其存放位置可以是某一文件夹(本地)、Access 数据库或者是同一个多用户关系型数据库管理系统(DBMS),支持 Oracle、Microsoft SQL Server、PostgreSQL、Informix 及 IBM DB2。

文件地理数据库是 ArcGIS 中另外一种地理数据库的类型,以文件夹形式将数据集存储在计算机中。每个数据集作为一个文件进行存储,文件大小可达 1TB,还可以进行压缩和解密。

文件地理数据库和个人地理数据库是专为支持地理数据库的完整信息模型而设计的,包含拓扑、栅格目录、网络数据、Terrain 数据集、地址定位器等。这两种数据库都不支持版本地理数据库的版本管理。

ArcSDE 地理数据库是为了让多用户的地理数据库进行数据库管理，在大小和用户数量方面没有限制，如果需要在地理数据库中使用历史存档、复制数据、使用 SQL 访问简单数据或在不锁定的情况下同时编辑数据，可以使用 ArcSDE 地理数据库。同样支持 Oracle、Microsoft SQL Server、PostgreSQL、Informix 及 IBM DB2 等主流 DBMS。

ArcGIS 具有强大的基本数据编辑功能。对于开发者而言，ArcObjects（AO）中的地理数据库（API）可以对所有类型地理数据库及其他类型的 GIS 数据很好地控制，提供所有从简单数据库创建、数据查询到高级数据集合的构建（网络、拓扑等）及高级地理数据库功能，如版本管理、数据库复制等。使用 AO API，开发者不仅可以利用已有的桌面产品（ArcGIS Desktop）中定制功能，还可以开发独立的应用程序。

ArcSDE API 提供开发者直接控制 ArcSDE 地理数据库的能力。

1.2.2.2　制图表达及高级制图功能

ArcGIS 平台拥有完整的地图生产体系，包括制图符号化、地图标注、制图编辑、地图输出和打印。

1.2.2.3　地理处理功能

地理处理的基础是数据变换，在 ArcGIS 中，Geoprocessing 包含了几百个空间处理工具执行对数据集的各种操作，从而生成新的数据集。ArcGIS 提供了 Modelbuilder 对话框以支持设计这些工具所组成的操作流程，这样就可以设计出各种模型来实现自动化工作，执行复杂问题的分析。

1.2.2.4　空间分析等扩展模块

空间分析是 GIS 最具特色的一部分内容，事实上空间分析属于地理数据处理的一部分。但鉴于其支持丰富复杂的操作，支持多种独立信息源的融合，ArcGIS 将其作为独立的扩展模块。基于 ArcToolbox 和 Modelbuilder 可视化建模环境的空间处理框架，空间分析功能可以得到丰富多样的分析处理结果。

1.2.2.5　三维可视化

栅格数据是 GIS 数据的重要来源，由卫星和航空器及其他栅格数据采集器得到。另外，数字高程模型、扫描纸质地图、专题栅格数据等也是栅格数据的重要来源。

ArcGIS 可以进行影像管理、处理、发布和使用，如二三维一体化的影像显示和浏览，栅格影像数据的存储、编目、处理和分发，影像分析和动态处理，影像服务的发布及地图缓存的制作等。三维可视化和分析是目前 GIS 应用重要发展方向之一，也是热门技术之一。

除以上介绍的 GIS 基本功能之外，ArcGIS 还具备应用平台企业级 GIS 与 CAD 软件集成整合的功能，以及目前流行的云计算技术等。

1.3　ArcGIS 基本操作

ArcMap 窗口由主菜单、标准工具栏、内容表、显示窗口、状态栏等组成（图 1-3）。

图 1-3　ArcMap 窗口介绍

1.3.1　创建新地图文档

地图文档是扩展名为 .mxd 的数据文件。创造地图文档有两种方法：

① 单击 Windows 任务栏【开始】→【所有程序】→【ArcGIS】→【ArcMap】。启动【ArcMap】，在【ArcMap】对话框中，选择【我的模板】，单击【确定】，创建一个新的空白地图（图 1-4）。

图 1-4　ArcMap 启动对话框

② 若已经进入了 ArcMap 工作环境，单击工具栏上的 按钮，或者点击【文件】→【新建】，打开【新建文档】的对话框，创建一个空白的新地图。

1.3.2　加载数据文件

① 在主菜单点击【文件】→【添加数据】，或者在工具条中选择 ，进入【添加数据】对话

框(图1-5)。选择路径,加载所需要的数据,点击添加按钮,所选择数据出现在 ArcMap 视图窗口下(图1-6)。

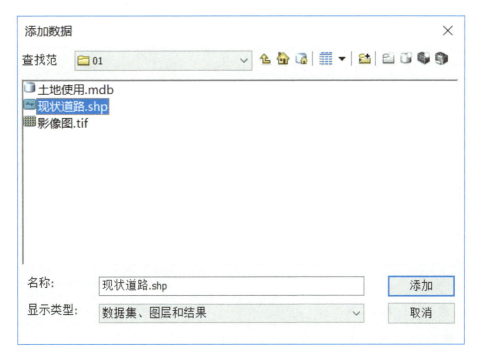

图 1-5　添加数据对话框

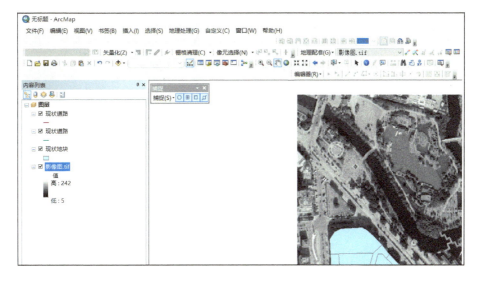

图 1-6　数据加载完成对话框

② 在地图中添加文本数据,有以下几种方法:a. 选择主菜单【文件】→【添加数据】→【添加 XY 数据】(图1-7);b. 选择包含 X、Y 坐标数据的文本文件,支持 txt 文本或 dbf 表;c. 指定含有 X 坐标和 Y 坐标的列,可选择性地标识含有 Z 坐标的列;d. 指定坐标系。

图1-7 【添加XY数据】对话框

1.3.3 图层的基本操作

（1）图层顺序调整

调整图层顺序，将鼠标指针放在需要调整的图层上，按住左键，拖动当前图层到新位置，释放左键即可（图1-8）。图层排列顺序需要遵循以下四条准则：①按照点、线、面要素类型依次由上至下排列；②按照要素重要程度的高低依次由上至下排列；③按照要素线的粗细依次由下至上排列；④按照要素色彩的浓淡程度依次由下至上排列。

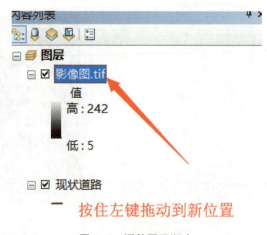

图1-8 调整图层顺序

（2）图层复制与删除

通过右键快捷菜单进行复制或移除操作。按住【Shift】选择连续的多个图层，【Ctrl】选择不连续的多个图层。

（3）图层名更改

直接在需要更改名称的数据层上点击左键，选定数据层，再次单击左键，数据层名称进入可编辑状态（图1-9）。或右键选择【属性】→【常规】→【图层名称】，更改名称即可（图1-10）。

图1-9　图层名更改

图1-10　【图层属性】对话框

（4）图层分组

①在内容列表窗口中同时选中多个数据层，点击右键选择组，完成图层组的创建；②双击内容列表的图层组，打开属性对话框，进行相应编辑（图1-11）；③图层组删除、更名等同图层创建类似。

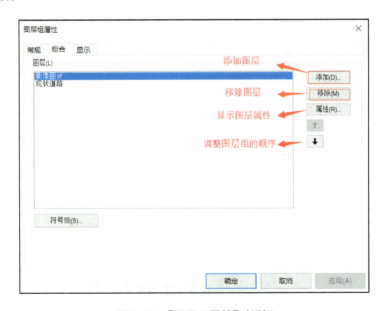

图1-11　【图层组属性】对话框

第一章　软件介绍与基础操作　011

1.3.4 浏览地图

①用鼠标滑轮来浏览地图。放大、缩小地图：使用鼠标滑轮向前、向后滚动；平移地图：按住鼠标滑轮不松开，同时移动鼠标。

②用工具来浏览地图。图 1-12 中从左到右分别为放大、缩小、平移、全图、比例放大、比例缩小、上一视图、下一视图。

图 1-12　工具栏图标

1.3.5 查询地理信息

（1）使用识别工具 查询属性

①点击【识别】，启动查询工具；

②在地图窗口中，用鼠标左键点击任意一处，即弹出【识别】对话框（图 1-13）。

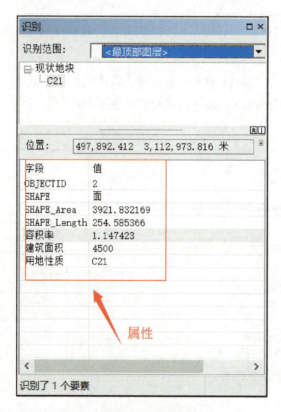

图 1-13　【识别】对话框

（2）测量长度、面积等

①点击【测量】按钮，启动测量对话框；

②点击【测量】对话框上部的工具按钮进行测量。这些工具分别是：

测量距离～，在地图窗口中点击鼠标左键开始绘制测量线，双击左键结束绘制，之后会显示长度；

测量面积▱，在地图窗口中点击鼠标左键开始绘制测量多边形，双击左键结束绘制，之后会显示面积；

测量要素 ✚，在地图窗口中选择要量算的要素，之后会显示该要素的周长和面积；

累加 Σ，按下该按钮后再进行的量算会显示累加长度或面积；

清除测量结果 × 。

1.3.6　视图切换

ArcMap 有两种视图。①【数据视图】。该视图用于数据编辑，其中只显示数据内容，不显示图框、比例尺等。②【布局视图】。该视图用于最后的排版出图，其中可绘制比例尺、指北针、图例等（图 1-14）。

图 1-14　视图切换

1.3.7　输出为图片格式

点击菜单【文件】→【导出地图】，显示【导出地图】对话框，设置【保存类型】→【分辨率】→【文件名】和保存路径，点击【保存】按钮，即可保存为指定类型的图片文件（图 1-15）。

图 1-15　【导出地图】对话框

1.3.8 保存地图文档

①地图文档保存。将编辑的内容保存在原始文档,单击 或【文件】→【保存】,即可保存文档。

②地图文档另存。将编辑的内容保存在一个新的文档中,单击【文件】→【另存为】,打开【另存为】对话框,输入文件名保存,即可将地图文档另存(图1-16)。

图 1-16 地图文档另存

③导出地图。将已处理好的图像导出,单击【文件】→【导出地图】,打开【导出地图】对话框,输入文件名,选择【保存类型】,可在【选项】区域进行相应的设置(图1-17)。

图 1-17 导出地图

1.4 地图设计的原则

1.4.1 视觉层次原则

视觉层次原则的重点指合理布局页面和组织图面元素，从而让读者能够轻易地了解信息。地图图形的内部结构(通常是页面布局)是帮助人们阅读地图的根本。可以考虑将地图视觉效果分离为各种信息层，其中某些要素类型将视为比其他要素类型更重要，而某些要素显得比其他同类型的要素更重要；此外，一些页面元素可能比其他元素更加重要(如标题或图例)。

从整体来看，图面应有强弱、主次之分。因为有了视觉上的变化，才使得整体更富有层次感。地图页面上信息的视觉层次感，有助于读者关注重要的内容，并且让他们识别是哪种模式。具有层次组织的参考地图(显示各种物理和文化要素位置的地图，例如地形、道路、边界、居住地)不同于专题图(把众多属性中某一个四处分布的属性或关系集中在一起的地图)，对于参考地图来说，一些要素并不比其他要素重要，所以视觉上它们应该处于相同的水平。在参考地图中，层次通常使地图显得更加精细，读者通过它们可以关注到元素；而对于专题图，主题远比那些提供基础地理内容的更加重要。

当符号和标注在同一视觉平面上时，对于地图读者来说，很难进行区分以及分辨哪些元素更重要。对于一般的参考地图，使用不同大小的文字和符号(如城市点的标注)、不同的线条样式(如行政区划分边界)以及不同的线宽(如河流)，是能够增加地图层次的方法。相反，不合比例的文字、符号与线条会造成图面层次组织混乱，信息表达不清晰(图 1-18)。对于专题图数据而言，基本信息(如县界和县区划)应保持最低显示，以便主题保持在最高层次的视觉水平上(图 1-19)。

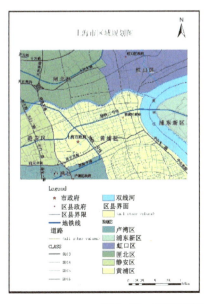
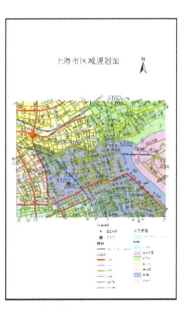

图 1-18 视觉层次清晰与混乱对比图

综上所述，视觉层次感是提升图面整体设计感很重要的一个方面，因为它指示了如何尽可能快地传达具有内在含义的信息。对视觉的不同刺激，例如颜色的变化、符号的大小、线划的粗细等，都会产生不同层面的视觉效果。

1.4.2 对比原则

视觉对比指的是地图要素和页面元素之间，以及它们与背景之间的对比。对比性是视觉设计中吸引人注意力的重要手段。对比令界面更加丰富，有主次和层级，可抓住人的视线使其不再游离。此外，对比还是视觉传达信息设计中概念群组的一个主要手段。当一个元素在设计中被异化，人就会注意到它，这是人类潜意识里的本能行为。设计师可以此为出发点，强化重要信息，弱化次要信息，形成对比，营造界面设计的空间感。如果在视野中物体

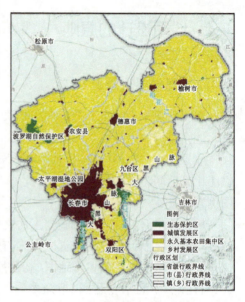

图 1-19 视觉层次清晰的案例图

之间很少有视觉对比，人也就无法从另外一个或它们周围事物中轻易地区分物体。如果想让人的大脑能够快速感知眼睛所看到的东西，则需要让某些要素足够强大。

视觉对比的概念同样适用于制图。具有高度视觉对比的精心设计的地图，通常干净明朗、看起来清晰分明。要素之间的对比度越高，就会有更多的要素被凸显出来（更暗或更亮显示的要素，图 1-20）。相反地，视觉对比低的地图可能会导致各要素之间看起来杂乱无章，使人无法分辨（图 1-21）。

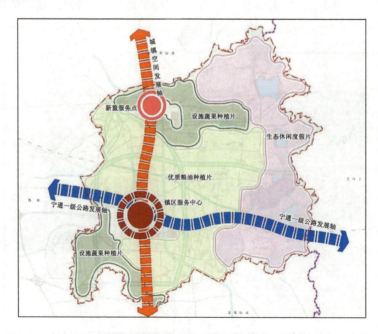

图 1-20 视觉对比明显的地图

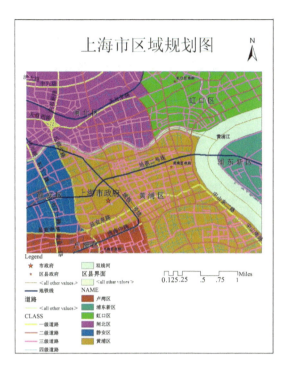

图 1-21　缺少视觉对比的地图

1.4.3　图底关系

"图"与"底"是图像学中最基本也是最原始的一对概念。在"图底关系"理论中,人们把知觉对象中的某一部分选择出来并视作"图",而把其余部分当作"底"。

"图底关系"理论是格式塔心理学提出的从视觉思维角度探讨绘画艺术的一个原理,是研究图形和背景关系的图底理论的重要组成部分。

当代城市设计论及"图底关系"理论,认为图底关系的好坏是判断城市外部空间成败的重要手段之一。控制图底关系的目的在于建立不同的空间层级、理清都市内或地区内的空间结构。

从金巴提塔·诺利 1784 年所绘制的罗马地图来看,罗马城呈现出明显的"图底关系"(图 1-22)。建筑与空间互为图底,两者交织在一起。

图形背景组织是从无定形的背景中自然分离前景中的图形。制图者使用这个设计原则,有助于地图读者专注于地图中的特定区域。提升图形背景组织的方法有很多,例如为地图添加细节或使用晕渲、阴影或羽化。有时很难区分哪块是图形、哪块是背景(A 和 B);简单地添加细节到地图上(C),可使读者从背景中区分出图形;使用晕渲(D)、羽化(E)或阴影(F)同样有助于辨读(图 1-23)。

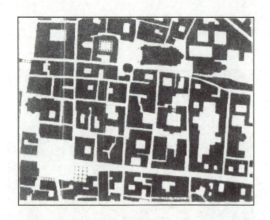

图 1-22 意大利旧城的图底关系（Aurigemma，1979）

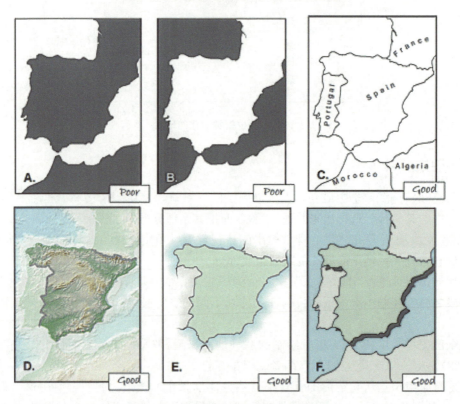

图 1-23 图形背景组织方法（Don，2020）

初学者在制图时可能不能合理把握图底关系的正确处理方法，导致图底关系模糊，易犯的错误如底图配色饱和度较高、色彩过于丰富、对比度较大；细节过于细碎，缺少对于图形的提取、处理；图形颜色与部分底图相近，从而难以识别出清晰的图底关系（图 1-24）。

图形背景组织可以引导读者通过内容判断事物的重要性，并最终找到事物的关系模式。如图 1-25 则展现了较为清晰的图底关系，通过着色、描边、添加细节等将图形和背景区分开来，图例和图形配色采用对比色，对比较为明显。

图 1-24　图底关系模糊的案例

图 1-25　图底关系清晰的案例

1.4.4 视觉平衡原则

方向和重力是视觉平衡中的两个重要因素,所谓视觉平衡,就是在视觉符号传达中,地图设计里的各种元素信息在作品中处于一种相对平衡的状态,给人视觉上的平衡感(图1-26)。方向是影响视觉平衡的因素之一,图面有其张力跟方向感,由于人们的习惯认知与感受,图面构成元素的方向感往往会影响人们在感受这个设计作品时的心理感受。同样,大众的审美有其共同性跟独特性,就大部分人来说,有着共同的审美取向,但在这共同的审美取向中又有不同的个体独特性,因此画面的方向感也取决于人们的内心。同样的道理,重力感也是设计中影响视觉平衡的一个主要因素,在视觉传达中,对具有不同重力感觉元素的使用,都会给画面的平衡感带来不同的影响。

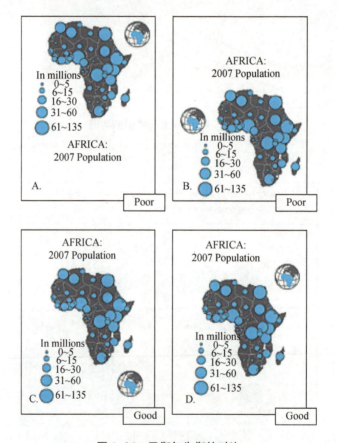

图1-26 平衡与失衡的对比

如果单纯地认为视觉平衡即设计中单纯地需要平衡,那么图面容易陷入到毫无活力的规则化状态之中。其实,视觉平衡传达的"静",给人一种安定的感觉,而"动"就成了相对的有活力、有生气的不平衡状态,两者结合才能营造整个图面的和谐。

图面获取平衡感的方法有许多,在此列举几个。①正规平衡。对称被普遍认为是一种很容易产生美感的属性,有意识的对称创造了一种完美的平衡。②不对称平衡。不对称平衡运用起来更加错综复杂,它是指不同的元素具有相同的视觉重量或者视觉吸引力时达到的平衡。③色调平衡。明与暗的对比或同色系不同色彩度的搭配使用是达到视觉平衡的方法之一,例如小面积的黑平衡大面积的白和灰。④色彩平衡。不同的色彩看起来也有不同的视觉重量,例如红色与白色能够形成视觉平衡。⑤肌理平衡。大而简单的图形可以被小而复杂的图形平衡。⑥位置平衡。在物理学,当重物接近支点也会达到平衡效果,这样的原理在视觉感知中同样适用。如果图面没有遵守这些方法,可能会出现元素杂乱、色彩色调杂乱的现象,缺乏专业性和观赏性(图1-27)。

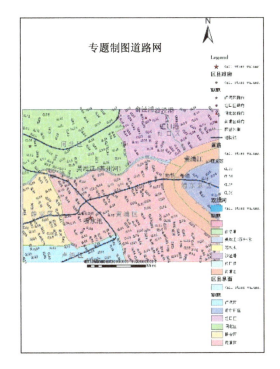 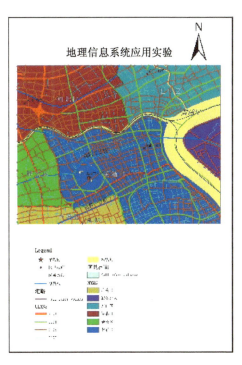

图1-27　图面失衡的案例

综上,平衡法是产生地图设计形式美的重要法则之一,是进行地图编排的一项基本规律,地图的美观很大程度上都依赖于画面元素编排的平衡与均衡。在具体排版设计中,动静的结合、方向跟重力感的合理使用、色彩的合理搭配、思维的独特性以及图面的秩序感综合造就了视觉平衡的图面。

第二章
坐标投影转换与校正

2.1 GIS 的空间参照系

地理空间数据的位置信息是由某个空间参照系进行度量的，GIS 主要采用投影坐标系和地理坐标系两种空间参照系。

2.1.1 投影坐标系

投影坐标系是基于 X、Y 值的坐标系统描述地球上某点所在的具体位置，此坐标系是从与地球近似的椭球体投影得到的，一般由地理坐标系（由基准面确定，如 WGS84、北京 54、西安 80）和投影方法（如高斯-克吕格投影、Lambert 投影、Mercator 投影、Robinson 地图投影）两种参数确定。

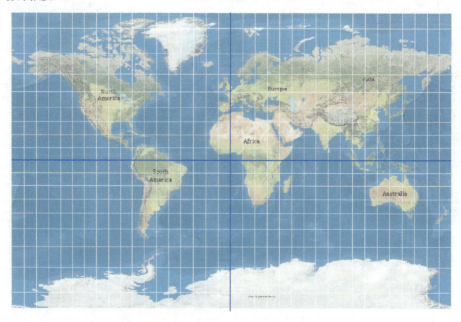

图 2-1 Robinson 地图投影

根据我国规定目前只用6°和3°两种分带。6°带是从0子午线起,自西向东每隔经差6°为一投影带,全球分为60带,各带的带号用自然序数1,2,3,…,60表示。即以东经0-6°为第1带,其中央经线为3°E,东经6°-12°为第2带,其中央经线为9°E,其余类推,可以按公式$N=6n-3$(对于东经)计算。

3°带的分法规定:6°带的中央经线仍为3°带的中央经线。因此3°带是从东经1°30′的经线开始,每隔3°为一带,全球划分为120个投影带。

我国规定1∶10 000、1∶25 000、1∶50 000、1∶100 000、1∶250 000、1∶500 000比例尺地形图,均采用高斯-克吕格投影。1∶25 000至1∶500 000比例尺地形图采用经差6°分带,1∶10 000比例尺地形图采用经差3°分带。

在高斯-克吕格投影上,规定以中央经线为Y轴,赤道为X轴,两轴的交点为坐标原点(图2-2)。Y坐标值在赤道以北为正,以南为负;X坐标值在中央经线以东为正,以西为负。为了避免X坐标出现负值,将各带的坐标纵轴西移500公里,即将所有X值都加500公里。

纬度(赤道):一度合110.94公里,一分合1.849公里,一秒合30.8米。

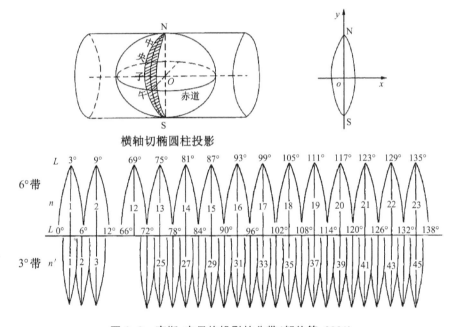

图2-2 高斯-克吕格投影的分带(邬伦等,2001)

2.1.2 地理坐标系

地理坐标系是基于三维球面定义地球表面位置,以经纬度为存储单位,并可根据所采用的参考椭球体参数求得具体点位的绝对高程值。一个地理坐标系一般包括本初子午线、基准面和角度测量单位三部分。

通常,经度和纬度值以十进制为单位或以度、分和秒(DMS)为单位进行测量。纬度值相对于赤道进行测量,其范围是-90°(南极点)到+90°(北极点);经度值相对于本初子午线进行测量,其范围是-180°(向西行进时)到180°(向东行进时)。如果本初子午线是格林尼治子午线,则对位于赤道南部和格林尼治东部的澳大利亚,其经度为正值,纬度为负值(图2-

3)。用 X 表示经度值,并用 Y 表示纬度值可能会有帮助。

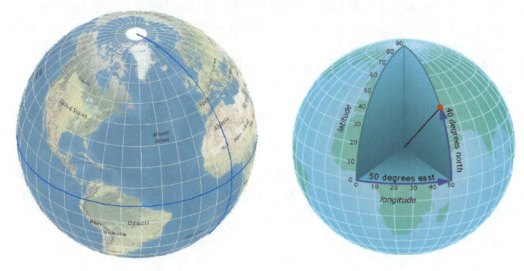

图 2-3　经纬度示意

2.2　国土空间规划的空间参考

根据 2019 年自然资源部印发《关于全面开展国土空间规划工作的通知》和《中共中央国务院关于建立国土空间规划体系并监督实施的若干意见》的要求,国土空间规划统一采用第三次全国国土调查数据作为规划现状底数和底图基础,统一采用 2000 国家大地坐标系和 1985 国家高程基准作为空间定位基础。

2.2.1　2000 国家大地坐标系

2000 国家大地坐标系(China Geodetic Coordinate System 2000,缩写 CGCS 2000),是我国当前最新的国家大地坐标系。2008 年,由国土资源部正式上报国务院《关于中国采用 2000 国家大地坐标系的请示》,7 月 1 日中国全面启用 2000 国家大地坐标系,国家测绘局授权组织实施。

2000 国家大地坐标系是全球地心坐标系在我国的具体体现,其原点为包括海洋和大气的整个地球的质量中心。Z 轴指向 BIH(国际时间局)1984.0 定义的协议极地方向,X 轴指向 BIH 1984.0 定义的零子午面与协议赤道的交点,Y 轴按右手坐标系确定。2000 国家大地坐标系采用的地球椭球参数如下:

长半轴　$a = 6\ 378\ 137$ m

扁率　$f = 1/298.257\ 222\ 101$

地心引力常数　$GM = 3.986\ 004\ 418 \times 10^{14}$ m³·s⁻²

自转角速度　$\omega = 7.292\ 115 \times 10^{-5}$ rad·s⁻¹

短半轴　$b = 6\ 356\ 752.314\ 14$ m

极曲率半径 $= 6\ 399\ 593.625\ 86$ m

第一偏心率　$e = 0.081\ 819\ 191\ 042\ 8$

2.2.2 1985 国家高程

1985 国家高程基准是指 1956 年规定以黄海(青岛)的多年平均海平面作为统一基面(图 2-4)。1985 年国家高程基准已于 1987 年 5 月开始启用。1985 国家高程系统的水准原点高程是 72.260 米。1985 国家高程基准高程和 1956 年黄海高程的关系为：1985 国家高程基准高程＝1956 年黄海高程－0.029 m。

国家水准原点对于我国的生产建设、国防建设和科学研究具有重要价值。该原点以"1956 年黄海高程"计算的高程为 72.289 米，以"1985 国家高程基准"计算的高程是 72.260 米，相差 0.029 米。

图 2-4　青岛观象山国家水准原点

2.2.3 第三次全国国土调查数据

根据《中华人民共和国土地管理法》《土地调查条例》有关规定，国务院决定自 2017 年起开展第三次全国土地调查(第三次全国国土调查)。第三次全国土地调查的对象是我国陆地国土。调查内容为：土地利用现状及变化情况，包括地类、位置、面积、分布等状况；土地权属及变化情况，包括土地的所有权和使用权状况；土地条件，包括土地的自然条件、社会经济条件等状况。进行土地利用现状及变化情况调查时，重点调查永久基本农田现状及变化情况，包括永久基本农田的数量、分布和保护状况。

2019 年 11 月，第三次全国国土调查工作已取得重要进展，县级调查已经完成，数据成果进入全面核查阶段。第三次全国国土调查数据成为国土空间规划的重要基础数据。

2.3　空间校正

步骤一：启动 ArcMap，新建一个地图文档。

在【文件】中点【保存】，选择保存路径，并进行命名【空间校正.mxd】(图 2-5)。再点击

【文件】中的【地图文档属性】,选择【存储数据源的相对路径名】,将所有操作过程中的文件都保存在同一个文件夹中,便于保存与移动(图 2-6)。

首次打开 ArcMap 需要勾选【自定义】中【扩展模块】的相关选项,一般可全选(图 2-7)。

图 2-5 新建文档对话框

图 2-6 保存相对路径对话框

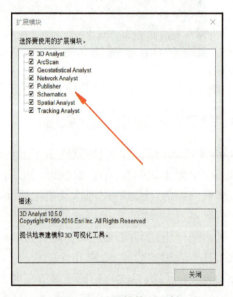

图 2-7 扩展模块对话框

步骤二:加载数据。

在【目录】面板中,点击 ,链接空间校正文件所在的文件夹,将空间校正文件和配准文件都加载进来(直接右键点击,拖拽至左侧图层面板)(图 2-8)。或者通过 加载多个数据(图 2-9)。

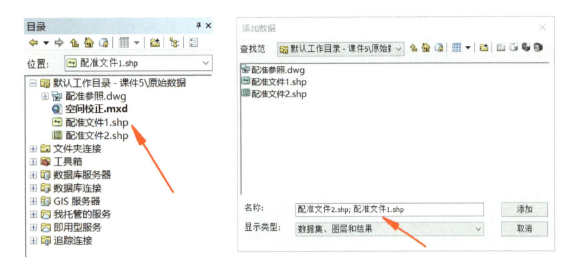

图 2-8　链接文件夹对话框

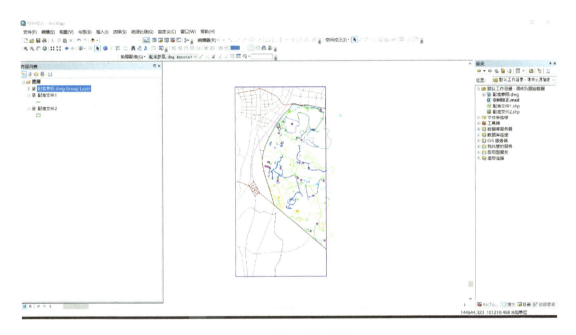

图 2-9　数据加载对话框

步骤三：进行空间校正。

首先打开【编辑器】→【开始编辑】，然后点击工具栏空白处，选择【空间校正】。设置校正数据，点击【空间校正】→【设置校正数据】→【选择校正数据图层】，单击【确定】(图 2-10)。然后点击，开始选择控制点，一般会选择道路交叉口或者水体边界，坐标比较准确且易定位的控制点。

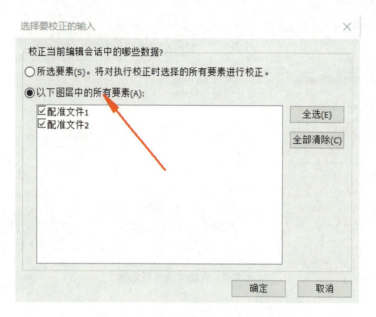

图 2-10 选择校正数据图层对话框

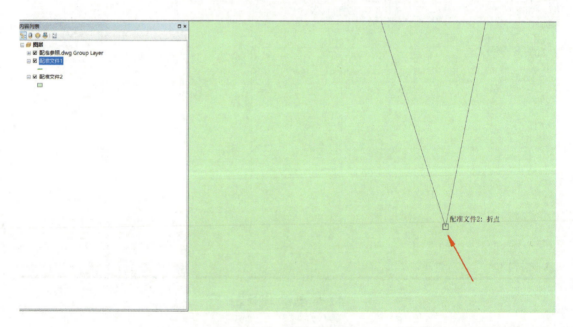

图 2-11 校正对话框

先点击需要配准的文件,右键点击图层,选择【缩放至图层】,选择控制点,将图层放大至1∶1比例,点击,然后选择配准参照文件,右键点击图层,选择【缩放至图层】,找到对应的点,将图层缩放至1∶1比例,点击,完成第一点的配准(图 2-11)。然后依次操作,选择第二、三、四……点。

一般在选择四个点之后点击 ⊞ 看残差和所需数据精度,控制残差,一般残差越小,表明校正越精确。残差过大,可以点击 ▶ ,选择残差较大的数据,点击 ⚡ ,移动校正点,进行修改

图 2-12 残差对话框

(图 2-12)。

一般会选择 10～15 个控制点进行空间配准,为避免重复工作,可将所选控制点的数据保存。点击【空间校正】→【链接】→【保存链接】(图 2-13)。

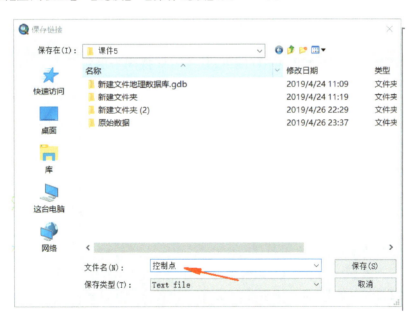

图 2-13 保存链接文件对话框

控制点选择完成后,且残差控制在一定精度,选择【空间校正】→【校正】,并将数据导出,右键图层【数据】→【导出数据】,完成空间校正(图 2-14)。

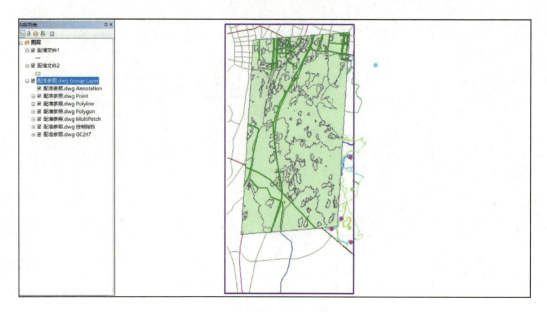

图 2-14 校正完成对话框

2.4 GIS 数据与 CAD 相互转换

2.4.1 GIS 和 CAD 联合制图

在 ArcGIS 中可以直接打开 CAD 图纸,且二者保持同步更新。可以通过 ArcGIS 对 CAD 图纸表达效果进行优化。两者相互结合,发挥各自优势,即 GIS 的专题制图优势和 CAD 的绘图编辑优势。

下面我们将在前述土地利用现状图的基础上,结合 CAD 进行建筑质量评价图纸的制作。

步骤一:启动 ArcMap,新建一个地图文档。

步骤二:加载 CAD 数据。

在【目录】面板中,找到 CAD 图,展开该项,将其下的【Polygon】要素类拖拉至【内容列表】面板。这时图面上已经显示出各栋建筑,但图面效果并不理想。

步骤三:符号化 CAD 数据,并标注。

①在【内容列表】中双击图层【建筑类型评价.dwg Polygon】,打开其【图层属性】对话框。

②切换到【符号系统】面板。按照图 2-15 所示进行符号化设置,该设置将根据 CAD 图纸中的图层进行分类填充。

③切换到【标注】面板,按照图 2-16 所示进行标注。设置【标注字段】为【Layer】,然后勾选【标注此图层中的要素】。

④点【确定】应用设置。符号化和标注的结果如图 2-17 所示。

步骤四:和 CAD 数据同步更新

保持 ArcMap 开启,在 AutoCAD 下打开【建筑类型评价.dwg】,任意调整建筑的图层和形状,然后点击保存。在 ArcMap 下进行任意浏览操作(如放大、缩小、平移等),图形会与 CAD 数据同步更新,但符号化方式保持不变。

图 2-15　对 CAD 要素进行符号化

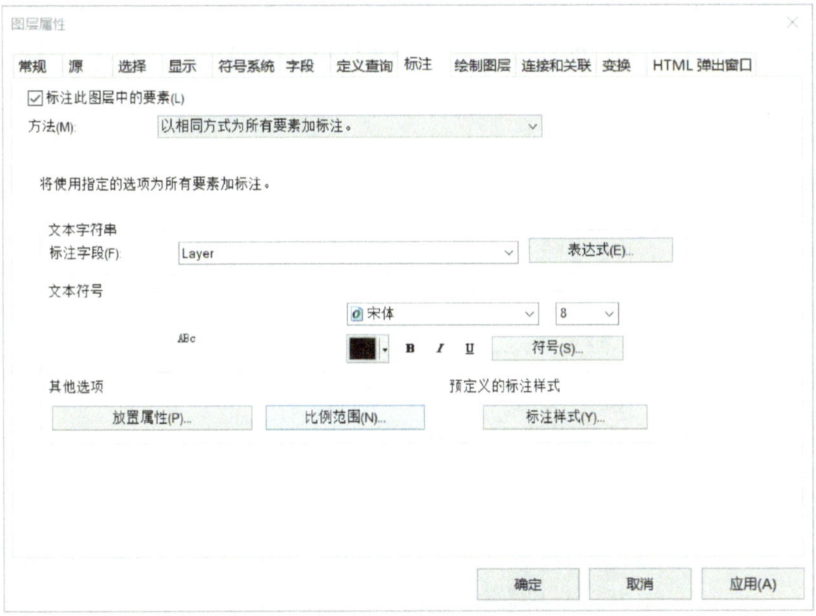

图 2-16　对 CAD 要素进行标注

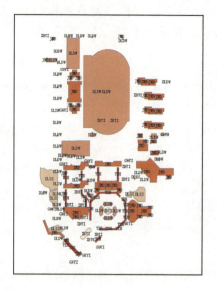

图 2-17　CAD 要素的符号化和标注结果

2.4.2　CAD 转为 GIS 数据

有时候需要把 CAD 图永久地转换为 GIS 数据，以发挥 GIS 的空间分析、叠加分析等优势。这里紧接前面步骤，介绍将 CAD 图纸转换成 Shapefile 数据。

在【目录】面板中，找到【建筑类型评价.dwg\Polygon】要素类，右键点击，在菜单中选择【导出/转为 Shapefile（单个）…】，显示【要素类至要素类】对话框，按照图 2-18 所示进行设置，可点击 × 按钮删除不需要的字段，点【确定】完成格式转换。

【建筑类型评价.dwg】转换成 GIS 格式后，可以在 ArcMap 中进行编辑和面积分类汇总。

图 2-18　将 CAD 转换成 GIS 数据对话框

2.4.3 GIS 数据转为 CAD

有时候需要在 CAD 下使用 ArcGIS 数据,这时就需要将 GIS 数据导出成 CAD 格式。

点击【目录】面板,浏览至【工具箱/系统工具箱 Conversion Tools/转换为 CAD/要素转 CAD】,双击该项,显示【要素转 CAD】对话框:点击【输入要素】栏旁的下拉按钮,选择【现状地块】图层,然后再选择【现状注记】图层;选择【输出类型】为【DWG_R2004】,意味着用 AutoCAD 2004 的格式保存;设置输出文件的路径;点【确定】,开始导出(图 2-19)。

图 2-19 GIS 数据转 CAD 对话框

第三章
交通网络分析

城市交通能将居住、游憩、工作等活动串联起来。人和人在城市用地的活动是城市交通中的主要活动，也是城市交通的决定性因素。城市交通要能够满足布局城市用地的"骨架"要求。城市各级道路成为划分城市各组团、各片区地段、各类城市用地的分界线，是联系城市各组团、各片区地段、各类城市用地的通道。城市道路的选线应有利于组织城市的景观，并与城市用地系统和主体建筑相配合。特别是在山地城市交通网络不够发达，使用简单的直线距离计算服务区与实际情况会有较大差距，而使用 GIS 的交通网络分析能够有效避免这一问题。使用 GIS 进行城市交通网络的分析，有利于服务支持城市规划的方案优劣比选和城市建设。

本章将在 ArcGIS 平台上对城市交通网络进行构建，重点对人行道路、车行道路、轨道交通、红灯等待等情况构建模型，进行相关的路径和服务区分析。

3.1 交通网络中的基本概念

3.1.1 网络的概念

网络是一种由互联元素组成的系统，例如边（线）和连接的交汇点（点）等元素，这些元素用来表示从一个位置到另一个位置的可能路径。

人员、资源和货物都将沿着网络行进：汽车和货车在道路上行驶，飞机沿着预定的航线飞行，石油沿着管道铺设路线输送。通过使用网络构建潜在行进路径模型，就可以执行与网络流动方向上石油、货车或其他对象的移动相关的分析。最常用的网络分析是查找两点之间的最短路径。

ArcGIS 中的网络共分为两类：几何网络和网络数据集。交通网络属于网络数据集。街道、人行道和铁路网络等交通网允许在边上双向行驶。网络中的代理（如在公路上行驶的卡车驾驶员）通常有权决定遍历的方向及目的地。

3.1.2 网络数据集的组成

ArcGIS Network Analyst 扩展模块用于构建网络数据集并对网络数据集执行分析。

网络数据集是由网络元素组成的,分为边、交汇点、转弯;网络元素是根据创建网络数据集时使用的源要素生成的(图 3-1)。

边 Edge 是线数据,参与网络数据集的边线被定义为双向的。交汇点 Junction 是点数据,交汇点可以连接任意多条边线。转弯 Turn 是转弯数据,该类型数据专门用于网络数据集,可由线数据或描述边界转向关系的 Turn 表生成。

3.1.3 网络数据集中的转弯

转弯可在相连边的任何交汇点处创建。在每个网络交汇点处均可能有 n^2 种转弯,其中 n 表示连到该交汇点的边数。即使在只有一条边的交汇点处,仍可以创建一个 U 形转弯(图 3-2)。

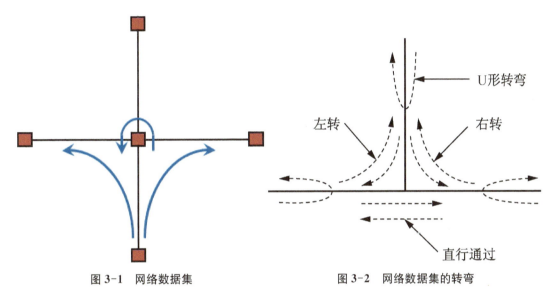

图 3-1 网络数据集　　　　图 3-2 网络数据集的转弯

在网络数据集中起着很重要作用的元素就是"转弯",它描述了两到多个边线元素的转向特征,很好地扮演了多方面的角色。总的说来,转弯有两种角色:一是禁止策略;二是转向成本。

大家都知道,现实世界当中的道路是有很多禁止转向的策略,比如某个路口是禁止左转、或禁止右转、或禁止掉头、或禁止直行,当然不可能四个都有,这些禁止转向的策略可以通过 Turn 实现。

现实世界中,在一个路口左转、右转、直行、掉头,所耗费的时间成本是不一样的,要去模拟这些不一样的通行成本,也可以通过 Turn 实现。

3.1.4 连通性和连通策略

对点或线要素进行逻辑分组,以定义哪些网络元素是连通的。每个边只能被分配到一个连通性组中,每个交汇点可被分配到一个或多个连通性组中。

连通性策略,定义为连通组内的网络元素相互之间的连通方式。

边连通规则,每个线要素类只能参与到一个连通组中,可以使用两种连通策略,即端点连通和任意节点连通。端点连通(Endpoints)时两个线要素在交点处并没有打断,所以这两个线要素不连通(图 3-3)。

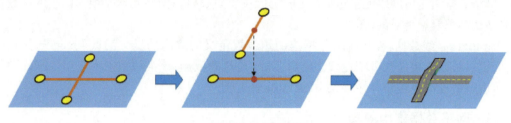

图 3-3　端点连通

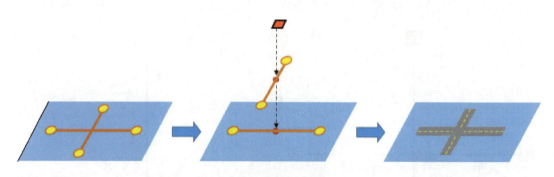

图 3-4　任意节点连通

任意节点连通（Any vertexes）时在两条相交线段交点处添加交汇点，两线段可以连通（图 3-4）。

点要素类可以参与到多个连通组中，可以将同一或不同连通组中的线要素连通。它有以下两种连通性策略：交点处联通和依高程连通。依边线规则，根据边线元素的连通性策略决定交汇点与边线的连通性。交点处连通，交汇点与边线的连通策略为任意节点处连通；依高程连通，通过应用高程字段，使得网络数据集能够表达线要素的高度起伏关系。

在网络数据集中，高程字段用于优化线端点处的连通性。它们包含从参与网络的要素类字段中获取的高程信息。这一点与基于 Z 坐标值建立连通性有所不同，后者的物理高程信息存储在要素的各个折点上。高程字段适用于边和交汇点源，使用高程字段的边要素源用两个字段来描述高程（线要素的每个端点对应一个字段）。

3.2　交通网络构建

3.2.1　数据加载

步骤一：启动 ArcMap，新建一个地图文档。

步骤二：点击 ✚，找到练习数据【网络构建】→【练习数据】→【道路交通网络的构建】→【交通网络.mdb】→【路网】，然后选中地铁出入口、地铁和道路图层（图 3-5）。

3.2.2　数据整理与计算

步骤一：点击【编辑器】→【开始编辑】，点击 ▶，只打开【道路】图层，框选所有道路（图 3-6）。

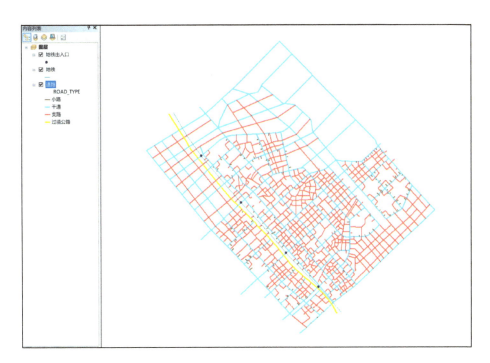

图 3-5 添加数据

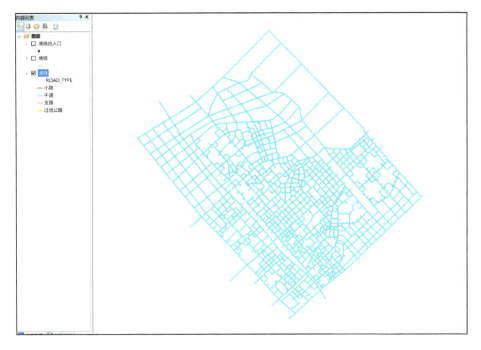

图 3-6 框选道路数据

步骤二:右击上方任务栏空白处,加载【高级编辑】工具(图 3-7)。点击【高级编辑】→【打断相交线】,弹出对话框,点击【确定】对所有道路要素在它们的交点处进行打断。

步骤三:对道路通行时间字段进行创建。右击【内容列表】下道路图层,点【打开属性表】,打开【添加字段】对话框,切换到【字段】选项卡,在【字段名】列直接输入需要添加的字段

【DriveTime】与【WalkTime】，字段类型选择【双精度】，结果如图 3-8。

图 3-7　【高级编辑】对话框

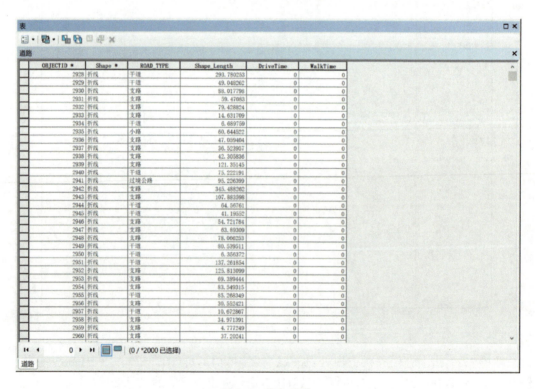

图 3-8　添加字段

步骤四:对道路通行时间字段进行计算。为方便计算,我们对不同类型道路做出如下规定:

"过境公路"的车速为 60 km/h,即 1 000 m/min;

"干道"的车速为 40 km/h,即 666.67 m/min;

"支路"的车速为 20 km/h,即 333.33 m/min;

"小路"的车速为 10 km/h,即 166.67 m/min;

步行速度为 1.5 m/s,即 90 m/min;

地铁(过境道路)的车速为 60 km/h,即 1 000 m/min。

然后对不同道路类型的人行与车行时间进行计算。计算采用公式为:时间=路程/速度。

步行时间:右击【WalkTime】字段,选择【字段计算器】,编辑公式 WalkTime=[Shape_Length]/90,如下所示,点击【确定】进行结果运算(图 3-9)。

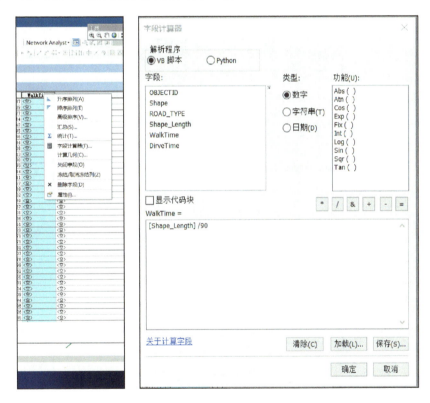

图 3-9　通行时间计算

车行时间:首先需要按照不同道路属性在【属性列表】中筛选出不同属性的道路。以"过境公路"为例,点击【属性表】对话框工具栏,下拉选择【按属性选择】,弹出对话框,点击上方【[ROAD_TYPE]】,点击获取唯一值,输入公式[ROAD_TYPE]='干道'(图 3-10);点击【应用】,结果如图 3-11 所示。

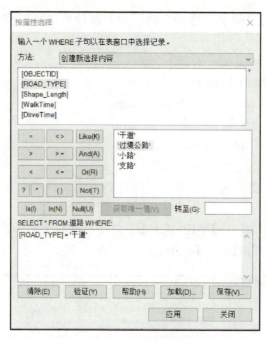

图 3-10 按属性选择

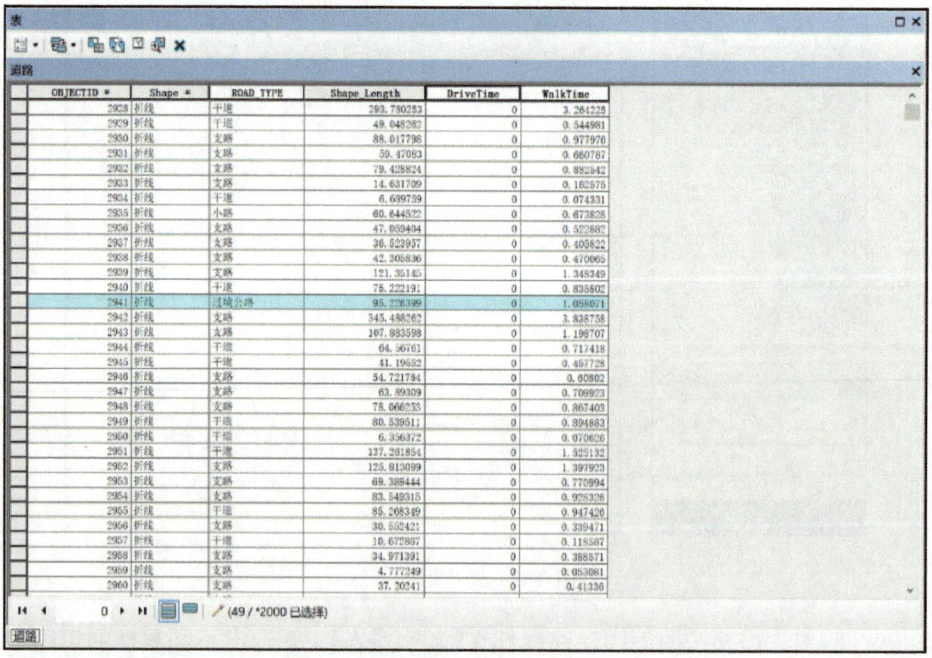

图 3-11 选择结果

右击【DriveTime】字段,选择字段计算器,编辑公式 DriveTime＝[Shape_Length]/1 000,点击【确定】,进行结果运算(图 3-12)。

步骤五:其余道路车行时间均按照上文步骤,只需选择不同道路属性,调整车行速度即可。地铁时间方法与车行时间一致,右击【内容列表】下道路图层,点击【打开属性表】,打开

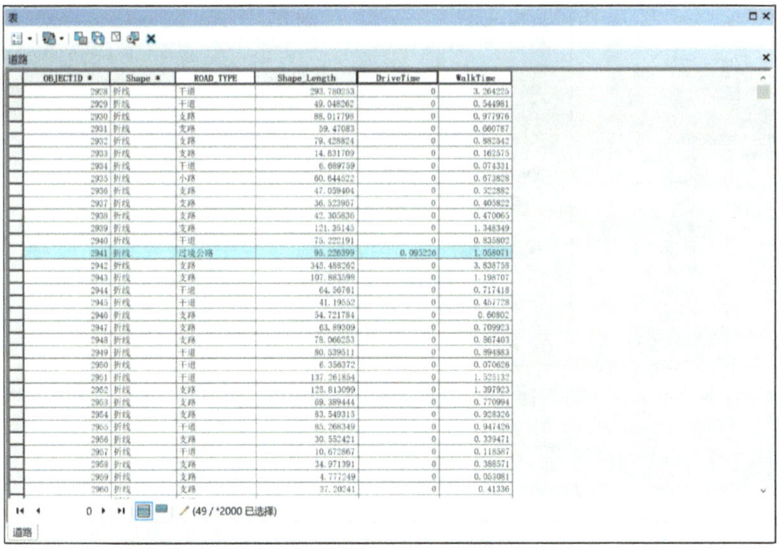

图 3-12 运算结果

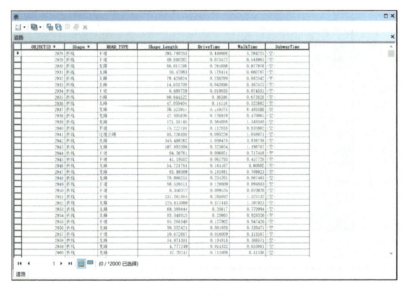

图 3-13 添加字段

【添加字段】对话框,切换到【字段】选项卡,在【字段名】列直接输入需要添加的字段【SubwayTime】,选择【双精度】之后再进行时间计算(图3-13)。至此数据准备工作已完成。

3.2.3 交通网络构建操作

步骤一:在【目录】面板中,打开【网络构建】→【练习数据】→【道路交通网络的构建】→【交通网络.mdb】→【路网】,右击【新建】→【网络数据集…】,弹出对话框,重命名为【交通网络_ND】,如图3-14。随后点击【下一步】。

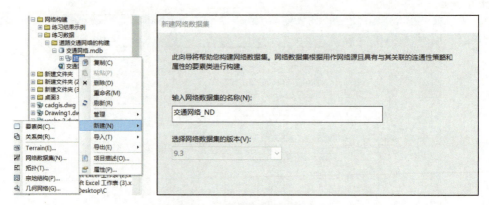

图 3-14　网络数据集重命名

步骤二：弹出对话框，将 ☑地铁 ☑道路 ☑地铁出入口 全部勾选，点击【下一步】，出现对话框【是否…模型】，选择【是】。出现对话框，点击【连通性】；出现对话框，将其调整成为如图 3-15 所示的模式，随后点击【确定】。

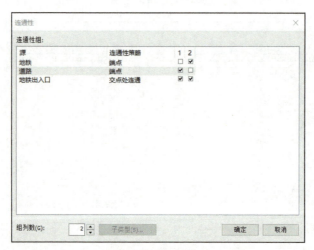

图 3-15　模式构建

在此模式下，地铁与城市路网仅在地铁出入口才可连通。

步骤三：出现【如何对网络要素的高程进行建模】对话框，点击【下一步】。出现对话框如图 3-16 所示。

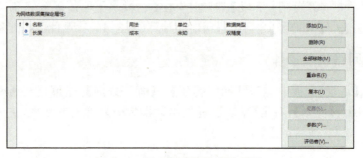

图 3-16　为网络数据集指定属性

将【长度】行【单位】改为"米",随后双击【长度】行,出现【赋值器】对话框,将对话框设置为如图 3-17 所示。

图 3-17　【赋值器】设置

随后分别添加【DriveTime】与【WalkTime】行,【单位】都为"分钟",如图 3-18 所示。

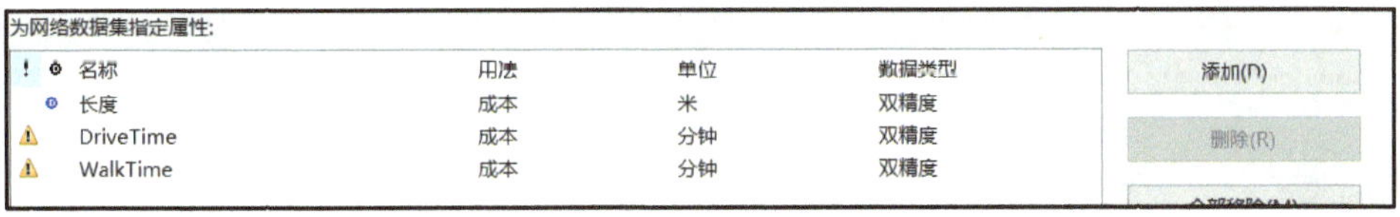

图 3-18　添加【DriveTime】与【WalkTime】

双击打开【DriveTime】的【赋值器】,将【赋值器】设置为如图 3-19 所示,点击【确定】。

图 3-19　【DriveTime】设置

双击打开【WalkTime】的【赋值器】,将【赋值器】设置为如图 3-20 所示,点击【确定】。

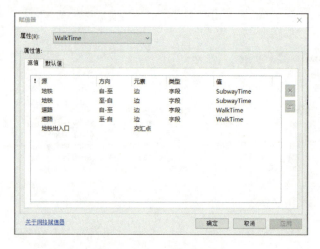

图 3-20 【WalkTime】设置

步骤四:随后点击【下一步】,出现对话框,再次点击【下一步】,出现【是否…建立行驶方向设置】,点击【否】、点击【下一步】、点击【完成】。出现对话框【是否立即构建】,选择【是】;出现对话框【是否…添加到地图】,选择【是】。至此,道路网络已构建完成(图 3-21)。

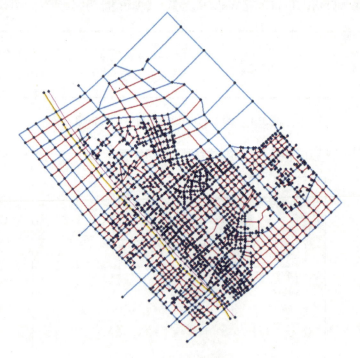

图 3-21 道路网络图

3.3 最短路径的计算

步骤一:启动 ArcMap,加载数据,【chp08】→【交通网络.mdb】→【路网】,其中包含一个完整的交通网络模型。启动【Network Analyst】工具条,工具栏内显示为【交通网络】(图 3-22)。说明系统已经自动识别了该网络模型,并把它作为默认的网络分析对象。

图 3-22 【Network Analyst】工具条

启动路径分析。点击【Network Analyst】工具条上的【Network Analyst】按钮,在下拉菜单中选择【新建路径】,之后会显示【Network Analyst】面板(图 3-23);如未显示,可点击工具栏上的【显示/隐藏窗口】。图层列表内新添了【路径】图层。

图 3-23 启动路径分析

步骤二:分析工具的设置。设置停靠点。在【Network Analyst】面板中选择【停靠点】,然后点击工具条上的创建网络位置工具,在图面上的路径分析起点和终点各点击一次,这两个点会被同步添加到【Network Analyst】面板的【停靠点】项目下(图 3-24)。

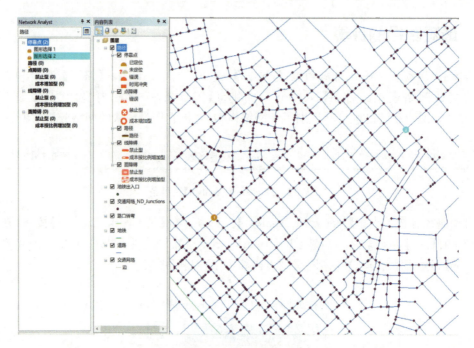

图 3-24 设置停靠点

设置障碍点。例如某条路正在维修不能通行,在【Network Analyst】面板中选择【点障碍】,点击工具条上的 ,再点击图面上的障碍路段,该路段会标记一个障碍标志 (图3-25)。

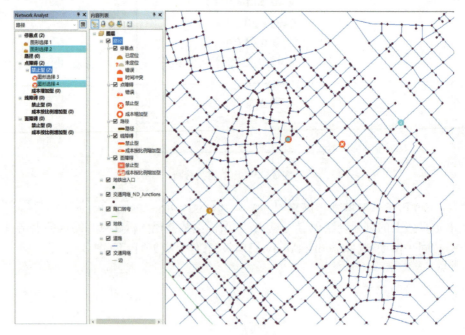

图 3-25 设置障碍点

步骤三:设置分析属性。点击【Network Analyst】面板右上角的【属性】按钮,显示【图层属性】对话框。切换到【分析设置】选项卡,其默认【阻抗】是"路程(米)",将其更改成"DriveTime(分钟)",意味着根据车行时间来计算最短路径。点【确定】完成设置(图 3-26)。

图 3-26　设置分析属性

步骤四:路径求解。点击【Network Analyst】工具条上的【求解】工具,短暂运行后,得到计算结果(图 3-27)。

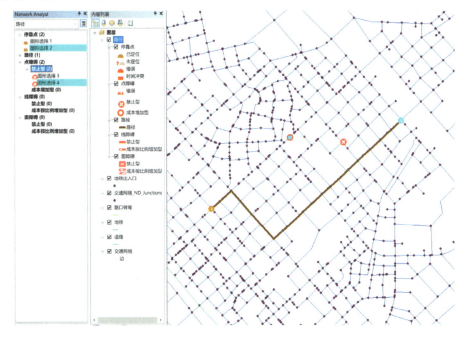

图 3-27　路径求解

步骤五：查看详细数据。右键【Network Analyst】面板中【路径】项下的路线【图形选择 1 — 图形选择 2】，在弹出菜单中选择【属性】，显示【属性】对话框，如图 3-28。列表中【Total_Drive Time】为累计的阻抗值，这里是车行时间。

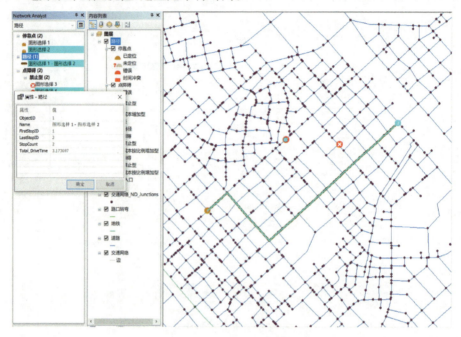

图 3-28　查看详细数据

3.4　设施服务区分析

步骤一：启动服务区分析。点击【Network Analyst】工具条上的按钮【Network Analyst】，在下拉菜单中选择【新建服务区】，之后会显示【Network Analyst】面板，并且图层内也新添了【服务区】图层（图 3-29）。

步骤二：加载设施点。在【Network Analyst】面板中，右键点击【设施点】项，在弹出菜单中选择【加载位置】，显示对话框。将【加载自】栏设置为"小学"，意味着根据"小学"要素类确定设施点的位置。点【确定】后，19 个小学位置被提取出来成为了设施点，如图 3-30。

步骤三：设施服务区分析属性。点击【Network Analyst】面板右上角的【属性】按钮，显示【图层属性】对话框，切换到【分析设置】选项卡。选择【阻抗】为"长度（米）"，【默认中断】设为"500 800"，这意味着将生成小学的 500 m 和 800 m 的服务区，点【确定】，如图 3-31。

步骤四：服务区求解。点击【Network Analyst】工具条上的【求解】工具，短暂运行后，得到计算结果如图 3-32。系统为每所小学都计算了两个服务区，其中深色为 500 m 服务区，浅色为 800 m 服务区。

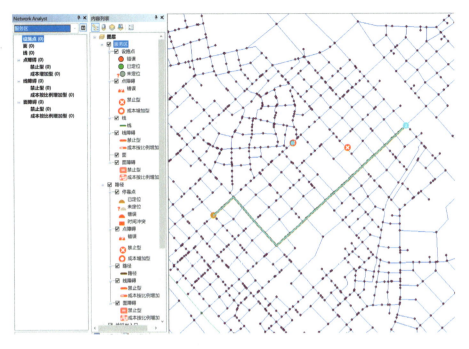

图 3-29 启动服务区分析

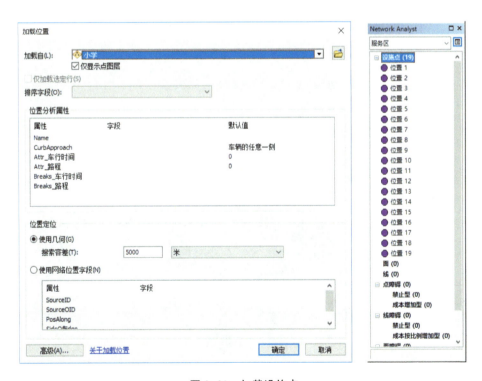

图 3-30 加载设施点

第三章 交通网络分析

图 3-31 设施服务区分析属性

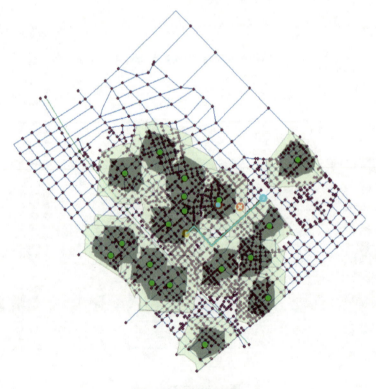

图 3-32 服务区求解

第四章
生态敏感性分析

4.1 生态敏感性的基本概念

生态敏感性是生态系统对人类活动的响应程度,反映发生生态环境问题的难易程度或概率大小。生态敏感性分析是强化现状分析的重要指标,作为规划先导依据的科学性保证。生态敏感性分析在技术手段上采用GIS数字技术平台,通过定性与定量的有机结合,确保了技术手段的先进性以及结论的合理性。

生态敏感性分析最早可追溯到麦克哈格(Ian McHarg)提出的千层饼方法,每个要素图层用透明的塑料方格网表示,通过叠加的色彩和区域形态支持规划设计方案。当今GIS技术基于栅格数据很容易实现这一方法,为国土空间规划提供技术支持。实践中生态敏感性的度量指标通常采用生态敏感度。生态敏感度指基地受外界影响的耐力程度,用来衡量基地承受开发影响的能力,其与生态安全格局相配合,更细致地展示每个地块的生态影响。

生态敏感性分析需要综合考虑基地的多项生态环境要素,并采用综合叠加的方式分析出发展敏感性较低、适合开发利用的地区。本章节以山区某县城开发地块为例,影响基地生态敏感性的要素包括地形、NDVI、污染物分布、坡度、水系和汇水区域等。由于数据缺乏,仅有DEM、污染区、水面和遥感计算获取的NDVI数据。这种情况也是大部分规划设计的常态,即规划区的数据不全面;或者常常有区域大尺度数据,无法代替应用于小尺度地块。

4.2 单因子评价

4.2.1 坡度因子

坡度对规划建设影响较大。坡度越大对建设影响越大,生态环境也越脆弱。本规划利用GIS空间分析功能,根据规划法律法规对城市道路、居住用地、工业用地等的坡度要求,确定规划范围内的坡度分类统计结果。0~5%坡度是最适宜建设的坡度范围,其次是5%~

25%坡度的斜坡地。

步骤一：从高程数据中生成坡度。双击【Spatial Analyst 工具】→【表面分析】→【坡度】，生成坡度数据集，如图4-1。

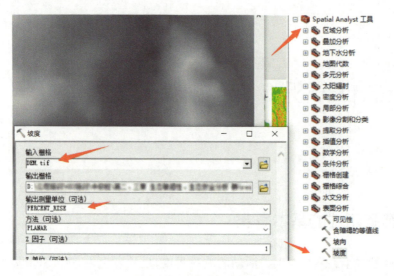

图4-1 生成坡度数据集

步骤二：对坡度数据进行标准化打分。双击【Spatial Analyst 工具】→【重分类】→【重分类】，按0—2.5、2.5—5、5—7.5、7.5—10、10—15、15—20、20—25、25—30、30—35、35—45、45以上，生成坡度因子打分，如图4-2。

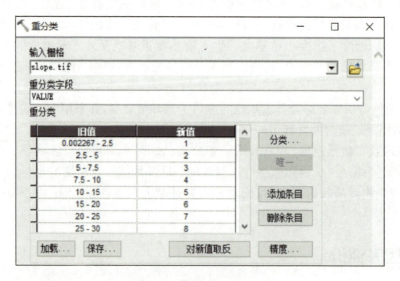

图4-2 坡度因子标准化打分

4.2.2 起伏度因子

地形起伏度是描述在一个特定区域内最高点海拔高度与最低点海拔高度的差值。在GIS中通常采用焦点统计，为每个输入像元位置计算其周围指定邻域内起伏度统计数据。

在规划范围内,以 100 米为直径,计算地块内的地形起伏度。地形起伏度越高建设成本越高,生态环境越脆弱。起伏度大于 15 米的不适宜作为建设用地。

步骤一:从高程数据中生成起伏度。双击【Spatial Analyst 工具】→【邻域分析】→【焦点统计】,生成起伏度数据集。如图 4-3。

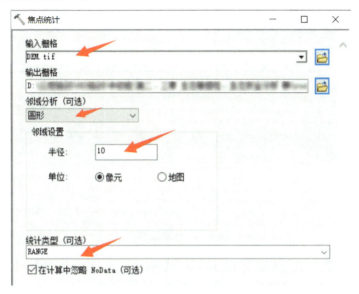

图 4-3 生成起伏度

步骤二:对起伏度数据进行标准化打分。双击【Spatial Analyst 工具】→【重分类】→【重分类】,按照自然断裂点方法分为 10 类,生成起伏度因子打分,如图 4-4。

图 4-4 起伏度因子标准化打分

4.2.3 坡向因子

坡向分析主要研究区域内微地形的复杂情况;坡向对工程建设和居住用地选址均有影

响。一般而言,阳坡接受较多的阳光照射。建筑选址最好的依次是平坡、南坡、东南坡、西南坡、东坡、西坡。泥沙岩石、降水都是沿着坡向方向,由高向低流动;崩塌、滑坡、泥石流等地质灾害也是沿着坡向方向进行。南向坡获取太阳能等自然资源较好,规划设计业应加以利用。

步骤一:从高程数据中生成坡向。双击【Spatial Analyst 工具】→【表面分析】→【坡向】,生成坡向数据集,如图 4-5。

图 4-5　生成坡向

步骤二:对坡向数据进行标准化打分。双击【Spatial Analyst 工具】→【重分类】→【重分类】,按照从北向南每 45°一个等级分为 8 类,生成坡向因子打分(图 4-6)。

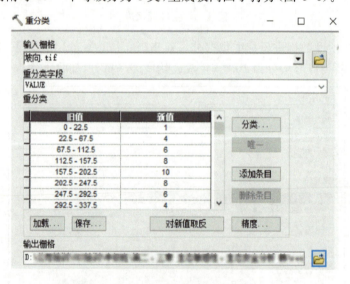

图 4-6　坡向因子标准化打分

4.2.4　NDVI

NDVI 指归一化植被指数,表示出植物冠层的背景影响,如土壤、潮湿地面、雪、枯叶、粗糙度等,且与植被覆盖有关,用于反映规划范围内的植被覆盖度和生态状况。本文采用 landsat 8 卫星影像,在 ENVI 软件中计算 NDVI。

双击【Spatial Analyst 工具】→【重分类】→【重分类】,按照表 4-1 进行赋值(图 4-7)。

表 4-1 NDVI 赋值

NDVI	0.49 以上	0.47—0.49	0.44—0.47	0.3—0.44	0.2—0.3	0.1—0.2	0.1 以下
分值	0	1	2	7	8	9	10

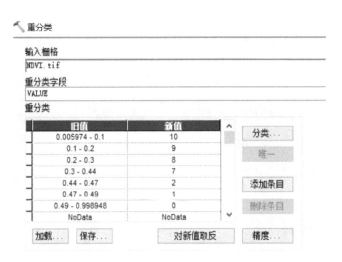

图 4-7 NDVI 赋值

4.2.5 水体敏感性分析

步骤一：生成水体栅格。双击【Spatial Analyst 工具】→【距离】→【欧氏距离】(图 4-8)。

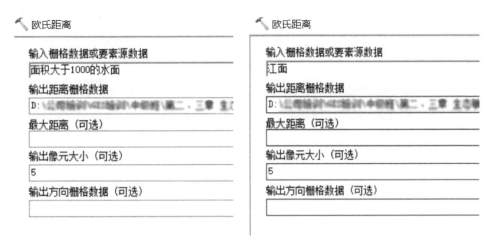

图 4-8 生成水体栅格

步骤二：对水体敏感性标准化打分。水体敏感性分析分为水体和江面两个部分，非江面水体按照距离分为 0—30 米 10 分，30—70 米 8 分，70—100 米 4 分，100 米以上 0 分；江面分为 0—50 米 10 分，50—100 米 8 分，100—200 米 4 分，200 米以上 0 分。双击【Spatial Analyst 工具】→【重分类】→【重分类】，按照图 4-9 进行赋值。

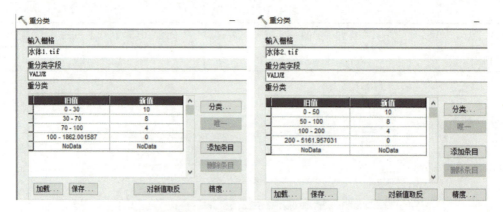

图 4-9　水体敏感性标准化打分

步骤三：合并两类水体得分评价。双击【数据管理工具】→【栅格】→【栅格数据集】→【镶嵌至新栅格】，如图 4-10。

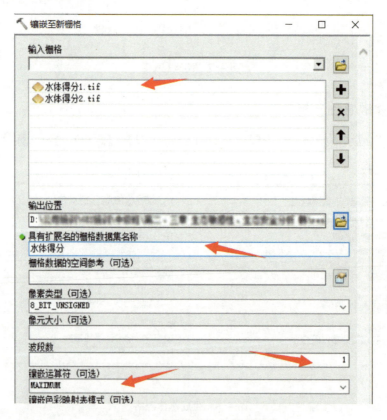

图 4-10　合并两类水体得分评价

4.2.6　污染敏感性分析

步骤一：生成到污染区距离栅格。双击【Spatial Analyst 工具】→【距离】→【欧氏距离】，生成到污染区距离栅格，如图 4-11。

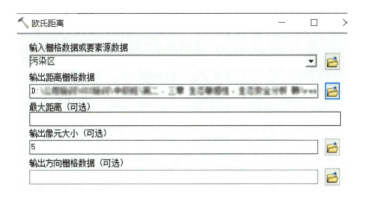

图 4-11　生成到污染区距离栅格

步骤二:对污染敏感性标准化打分。污染距离分为 0—100 米 10 分,100—200 米 8 分,200—300 米 6 分,300—500 米 4 分,500—700 米 2 分,700 米以上 0 分。双击【Spatial Analyst 工具】→【重分类】→【重分类】,按照图 4-12 进行赋值。

图 4-12　污染敏感性标准化打分

4.3　综合影响评价

4.3.1　评价权重

综合评价生态敏感度,每个影响因子的重要性不同。如何科学确定各个因子的贡献度,不同领域有不同的见解。遵从基本共识,为使评价更加科学,本书采用层次分析法(AHP)。

层次分析法是指将一个复杂的多目标决策问题作为一个系统,将目标分解为多个子目标或准则,进而分解为多指标(或准则、约束)的若干层次,通过定性指标模糊量化方法算出层次单排序(权数)和总排序,以作为目标(多指标)、多方案优化决策的系统方法。

本例通过咨询生态学、城乡规划、风景园林、地理学的专家 30 人,通过打分软件最终得到权重如表 4-2。

表 4-2 权重表

因子	污染	NDVI	河流水系	坡度	坡向	起伏度
权重	0.15	0.15	0.25	0.07	0.2	0.18

4.3.2 生成评价图

步骤一:叠加生成综合评定得分。双击【Spatial Analyst 工具】→【叠加分析】→【加权总和】,得到叠加生成的综合评定得分,如图 4-13。

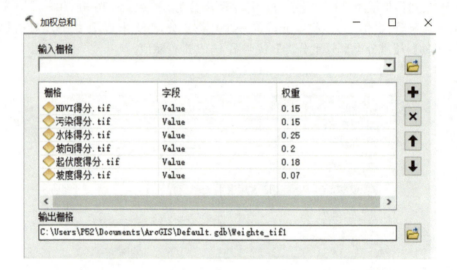

图 4-13 综合评定得分

步骤二:敏感性等级划分。采用符号化生成敏感性等级,分类采用自然间断点分级法(图 4-14)。结果如图 4-15 所示。

4.4 生态安全格局分析

4.4.1 生态安全格局的概念

生态安全格局描述的是景观中存在的某种潜在生态系统空间格局,它由景观中某些关键局部所处方位和空间联系共同构成。生态安全格局对维护或控制特定地段的系统生态过程有着重要的意义。不同区域具有不同特征的生态安全格局,对它们的研究与设计依赖于对其空间结构的分析结果,以及研究者对其生态过程的了解程度。研究生态安全格局最重要的生态学理论支撑是景观生态学。将现代景观生态学理论创造性地与国土空间规划设计理论与实践相结合,是维护生态安全格局的难点,也是生态规划的要点所在。

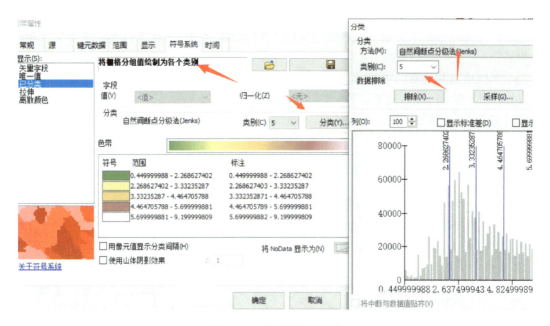

图 4-14 敏感性等级划分

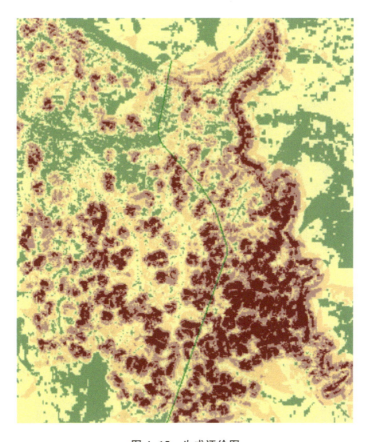

图 4-15 生成评价图

第四章 生态敏感性分析

维护生态安全格局,应从水安全格局、植被保护安全格局、生物保护安全格局、旅游休闲安全格局和地质灾害安全格局(包括但不限于)等生态服务功能系统进行综合生态安全格局的构建。

本案例通过对规划区水文、地质灾害、生物多样性保护、文化遗产和游憩过程的系统分析,运用 GIS 和空间分析技术,判别出维护上述各种过程安全的关键性空间格局(景观安全格局),进而综合、叠加各单一过程的安全格局,构建具有不同安全水平的综合生态安全格局,设置保障规划区生态安全的生态基础设施。

4.4.2 单因子生态安全格局

从景观生态学的角度出发,构建层级明确清晰的规划生态安全格局,使得规划区的各类生态系统功能得到保障;在维持自身正常结构和功能的条件下,能够承受人类正常的社会经济活动。

生态安全格局有三个基本要素,即斑块、廊道、基质。以规划区的自然山水作为生态基质,形成构建生态安全格局的基础,确立园区生态系统的保障。生态廊道作为自然-人工绿化系统的重要内容,依据自身性质及其在区域生态安全中作用的不同,形成规划区建设与本地生态的过渡。生态斑块是未来规划区的重要部分,分布零散,形态丰富。依据要素的自然条件、区位、敏感度高低程度,分为不同的层级,作为规划区的生态重构体系(表 4-3)。

表 4-3 生态安全格局

地形	污染	水体安全（鱼类繁殖）	水土流失	洪水
坡度>25°,起伏度>30 米,是地形关键值	最高安全格局:200 米	最高安全格局:主要水体 100 米(保障鱼类繁殖)	坡度>25°,水土流失的关键值	38 米最高安全格局,历史最高水位
	中等安全格局:100 米	中等安全格局:主要水体 70 米(控制沉积物)		37 米中等安全格局
	最低安全格局:50 米	最低安全格局:主要水体 30 米内(防止水体流失)		36 米最低安全格局

(1) 地形安全格局

步骤一:双击【Spatial Analyst 工具】→【重分类】→【重分类】,按照图 4-16 进行赋值,分别生成坡度、起伏度安全格局。

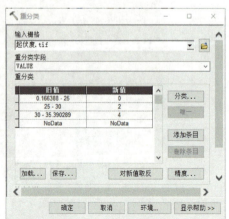

图 4-16 坡度和起伏度赋值

步骤二：双击【数据管理工具】→【栅格】→【栅格数据集】→【镶嵌至新栅格】，如图 4-17。

图 4-17　生成坡度、起伏度安全格局

（2）洪水安全格局

双击【Spatial Analyst 工具】→【重分类】→【重分类】，对 DEM 进行重分类，生成洪水安全格局，如图 4-18。

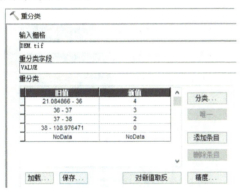

图 4-18　对 DEM 进行重分类　　　图 4-19　对水体得分进行重分类

（3）动物栖息安全格局

双击【Spatial Analyst 工具】→【重分类】→【重分类】，对水体得分进行重分类，生成动物栖息安全格局，如图 4-19。

（4）环境污染安全格局

双击【Spatial Analyst 工具】→【重分类】→【重分类】，对污染距离进行重分类，生成污染安全格局，如图 4-20。

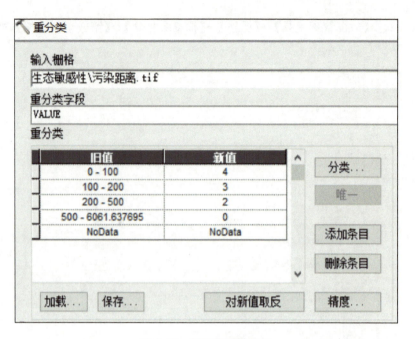

图 4-20 污染距离重分类

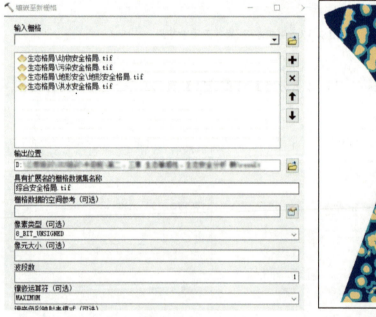

图 4-21 综合安全格局评价分析

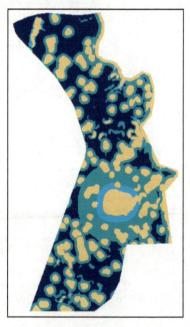

图 4-22 综合安全格局评价结果

4.4.3 综合安全格局

综合安全格局评价中，每个影响因子的重要性不同。综合评定中各个因子叠加取最大值，才能使得评价更加科学，体现不同因子对整体生态安全的影响。

双击【数据管理工具】→【栅格】→【栅格数据集】→【镶嵌至新栅格】，具体设置如图 4-21，最终结果如图 4-22。

第五章
最佳园路分析

5.1 园路分析基本概念

园路指园林中的道路,包括园路布局、路面层结构和地面铺装等方面的内容。园林道路是园林的组成部分,是贯穿全园的交通网络,是联系各个景区和景点的纽带和风景线,是组成风景园林的造景要素。园路一般具有实用功能和美观功能。实用功能包括组织空间、引导游览、交通联系和提供活动场地;美观功能即作为园景构景要素,其蜿蜒起伏的曲线、丰富的寓意以及精美的图案均能构成丰富多变的园林景观。

无论从实用功能方面,还是美观方面,均对园路设计有一定的要求。园路设计一般需要满足不同人群心理需求、活动需求,并能合理引导大众行为,且具有完善的管理体制。园路设计包括园路的几何线形设计、结构设计和面层装饰设计三大方面。对于使用者而言,园路作为公园游览路线,其布局组织即几何线形的设计更为重要。因此,在规划和设计方案中,可以通过合理的规划设计,公园观光者提供最佳游览路线,能够欣赏到全园各个景点,并提供最佳的观赏效果。

事实上,在规划中设计出一条观赏效果最佳、安全舒适,并能体现生态效益的园路并不容易。不仅需要做好前期调研准备工作,即对整个场地的景观资源(自然和人文方面)、地形地貌、土地利用条件等因子进行全面、准确、透彻分析,而且还需要在场地现有条件基础上确定园路的位置、走向、长度,在尽可能满足各项设计要求的情况下,确定最佳园路路径。这一过程即最佳园路分析过程。

所谓"最佳",其内涵是多样的,既可以是一项条件或因子最佳,也可以是多项条件或因子最佳。例如,对某山地公园的规划,根据规划目标的不同,最佳可以是某单一因子,如从运动及力学方面考虑的安全舒适,即游人行走时安全系数最高,也即坡度最缓的路径为最佳园路;如从建造成本方面考虑,则坡度最缓且路程短的路径为最佳园路;如从园路景观效果方面考虑,则园路面层材料的色彩、纹样和图案较丰富的路径为最佳园路。另一方面,最佳也可为多项因子的平衡,如同时要求园路既能保证行走安全、建设成本低,并且具有良好的观赏效果和一定的生态效益,能同时满足这三项条件的园路即为最佳园路。

对于能同时满足多项因子综合最优的最佳园路路径,其分析技术原理和单项因子的最佳园路分析是一致的;不同之处是在确定成本因子前,需要确定多项因子间的综合算法。

GIS中最佳园路分析的技术原理，就是最短路径分析问题。

5.2 最佳园路分析基本操作步骤

启动 ArcMap，打开【最短路径计算】地图文档，加载5个要素类（图5-1）。

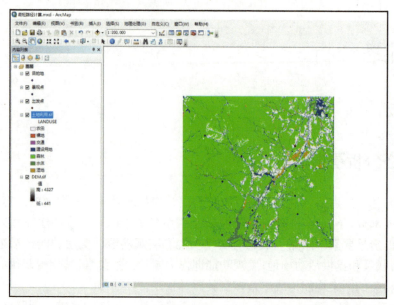

图 5-1 【最短路径计算】加载

5.2.1 坡度成本数据集

步骤一：从高程数据中提取坡度数据集。双击【Spatial Analyst 工具】→【表面分析】→【坡度】，生成坡度数据集（图5-2）。

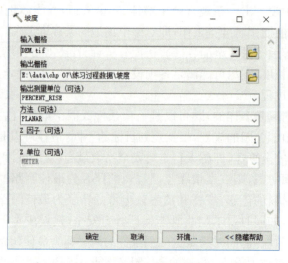

图 5-2 【坡度】对话框

步骤二:选择坡度数据集,进行重分类,双击【Spatial Analyst 工具】→【重分类】,得到重分类坡度数据(图 5-3)。原则是坡度分类 0—3,3—8,8—10,10—15,15—20,20—25,25—45,45—70,70—90,90—10 000,分别赋值为 10—1(图 5-4)。生成坡度等级图 5-5。

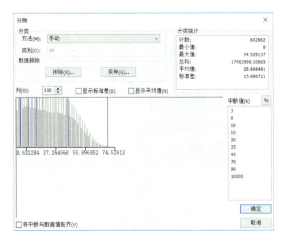
图 5-3 重分类坡度数据

图 5-4 赋值

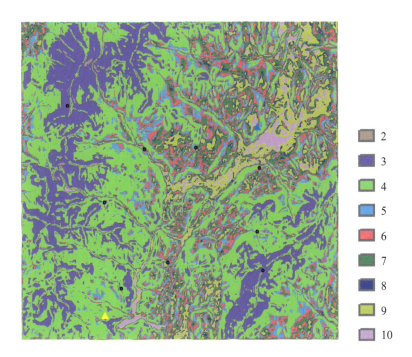
图 5-5 坡度等级生成图

5.2.2 土地利用成本数据集

在考虑土地利用数据时,发现不同土地类型对路径的选择、道路花费存在很大的影响。在重分类时对用地类型 Agriculture,Barren land,Brush/transitional,Built up,Forest,Water,Wetlands 分别赋予 7、1、3、2、6、9、10(图 5-6)。得到土地利用成本图(图 5-7)。

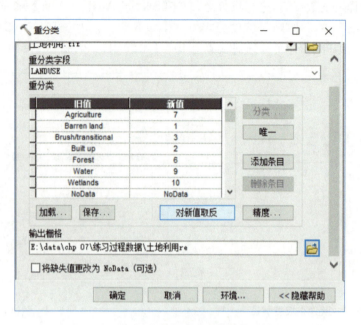

图 5-6 成本赋值

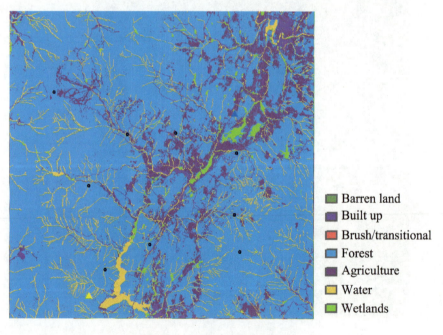

图 5-7 土地利用成本生成图

5.2.3 景观点成本数据集

步骤一：双击【Spatial Analyst 工具】→【距离】→【欧氏距离】,【输入栅格数据或要素源数据】下拉选择"EucDist 景观点",【输出像元大小（可选）】输入"10",点击【确定】,如图 5-8。

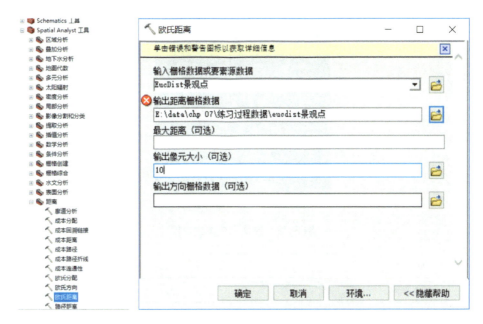

图 5-8 【欧氏距离】计算

步骤二：对生成的地图进行符号系统修改（图 5-9）。生成景观点成本如图 5-10。

图 5-9 符号系统修改

步骤三：合并单因素成本距离，生成最终成本数据。双击【地图代数】→【叠加分析】→【加权总和】，对重分类后的三个数据集进行合并运算【成本＝重分类坡度 * 0.5＋重分类土地利用＊0.2＋景观点欧氏距离＊0.3】（图5-11）；得到最终成本数据集（图5-12）。

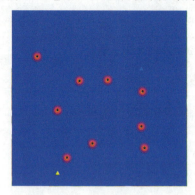

图5-10 景观点成本生成图

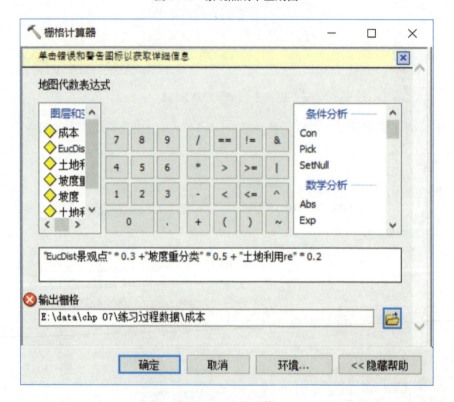

图5-11 合并运算

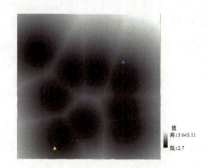

图5-12 最终成本生成图

步骤四:计算成本距离。双击【Spatial Analyst 工具】→【距离分析】→【成本距离】,打开【成本距离】对话框,如图 5-13。

图 5-13 计算成本距离

按图 5-13 设置对话框参数,单击【确定】按钮,生成成本距离图(图 5-14)和回溯链接。

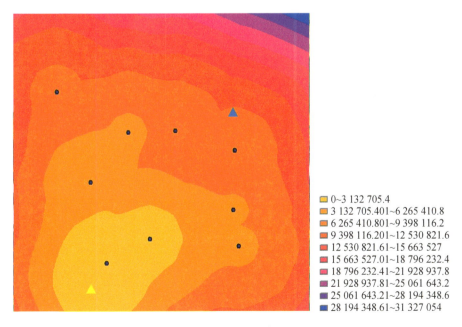

图 5-14 成本距离图

步骤五：求最短路径。双击【Spatial Analyst 工具】→【距离分析】→【成本路径】，打开【成本路径】对话框，设置如图 5-15，生成成本路径图 5-16。在目录中创建新 Shapefile，命名为"优化"，如图 5-17。打开编辑器，描绘优化成本路径，如图 5-18。

图 5-15 【成本路径】设置

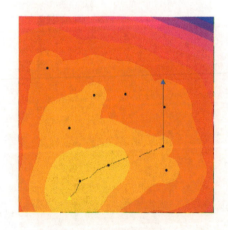

图 5-16 成本路径图

图 5-17 优化

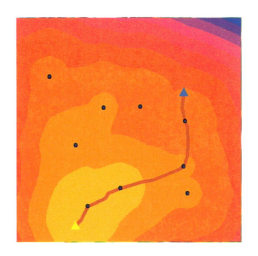

图 5-18 成本路径优化图

第六章
城市公共卫生规划支持分析

6.1 城市公共卫生规划概况

城市建成环境影响着人类的健康与福祉,提高公共卫生条件、保障居民健康是当前城市规划中的重要任务。把流行病学的研究方法与 GIS 相结合,是如今城市规划的科学支撑。在新型冠状病毒的侵袭之下,如何积极预防和控制传染病,科学的城市规划显得尤为重要。

流行病学是研究疾病和健康状态在人群中的分布及其影响因素,并研究防治疾病及促进健康相关策略和措施的科学。随着流行病学进入现代流行病时期,流行病学研究方法的应用范围愈发广泛,其任务也扩大为研究人群的一切疾病和健康状态。流行病学的研究方法主要分为观察法和实验法,观察法又细分为描述性研究和分析性研究,其中描述性研究是与 GIS 相互联系的研究方法。流行病学研究的对象是人群,由于伦理和资源的限制,研究者并不能或者完全掌握或控制研究对象的暴露和其他条件,大多数情况下只能进行观察性研究。

6.2 GIS 在霍乱中的应用概述

对于 GIS 在霍乱中的应用,主要包括详细调查城市范围内可能引起霍乱流行的因素,如地势、土壤、街道、房屋、人口、粪池、水坑、尘土、水井等;同时在地图上用点准确记录每个死于霍乱病者的住家位置,得到死者住家位置分布图;根据人群的位置分布,运用 GIS 进行数据处理并可视化,确定与霍乱传播相关性较大的影响因素,依据相关性,对城市规划布局进行调整,以防范病发、改善当地居民的健康状况。在本章中,将结合英国伦敦霍乱实例,分析水井点和病例点分布的位置关系,汇总得出每个水井对应的病例位置点数。

6.3 GIS 在霍乱中应用的基本操作

启动 ArcMap,打开【寻找水井点】地图包,加载 3 个要素类。在主菜单中选择【地理处理】→【环境】,进一步设置【处理范围】,选择"与图层 伦敦街道 相同",点击【确定】,如图 6-1。

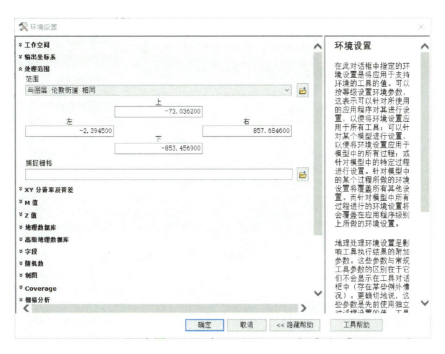

图 6-1　环境设置对话框

6.3.1　创建泰森多边形

根据点要素创建泰森多边形。每个泰森多边形只包含一个点输入要素;泰森多边形中任何位置距其关联点的距离都比到其他点输入要素的距离近,如图 6-2。

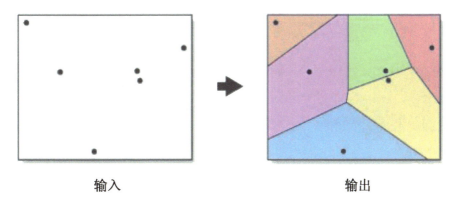

图 6-2　泰森多边形生成

打开【ArcToolbox】,双击【分析工具】→【领域分析】→【创建泰森多边形】。输入要素:下拉箭头选择"伦敦水井点";输出要素:保持默认;输出字段:ALL;点击【确定】,如图 6-3。

右击该图层名,点击【图层属性】→【符号系统】,显示【类别】→【唯一值】,【值字段】下拉选择"WaterPump",点击【添加所有值】,点击【确定】,如图 6-4。

经过计算自动加载要素类"伦敦水井点_CreateThiessenPolygons",可看出水井点被分类到若干多边形内,如图 6-5。

图 6-3　创建泰森多边形对话框

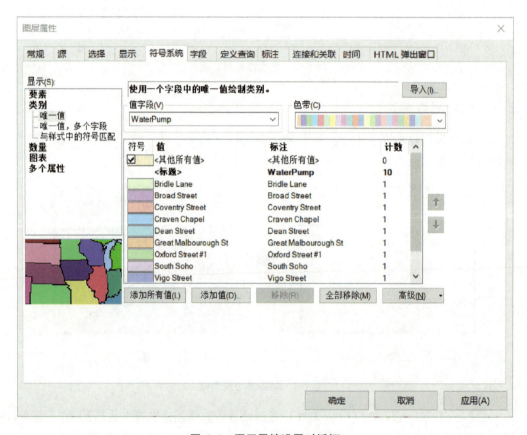

图 6-4　图层属性设置对话框

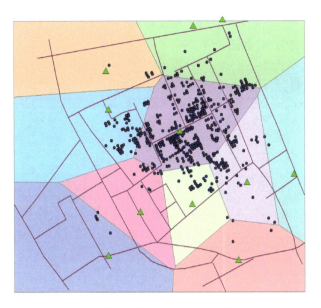

图 6-5　图层设置后的泰森多边形划分图

6.3.2　空间连接

空间连接即根据空间关系,水井点的泰森多边形要素属性连接到病例点要素属性。目标要素和来自连接要素的被连接属性写入到输出要素类,注意保留水井名称【WaterPump】字段。

打开【ArcToolbox】,双击【分析工具】→【叠加分析】→【空间连接】。目标要素:下拉箭头选择"伦敦病例点";连接要素:下拉箭头选择"伦敦水井点_CreateThiessenPolygons"。点击【确定】,如图 6-6。

图 6-6　空间连接对话框

自动加载要素类“伦敦病例点_SpatialJoin1”，右击该图层名【打开属性表】，检查字段【WaterPump】是否填充内容，如图 6-7。

OBJECTID *	Shape *	Join_Count	TARGET_FID	Id	Input_FID	Id	WaterPump
1	点	1	1	1	1	1	Great Malbourough St
2	点	1	2	1	1	1	Great Malbourough St
3	点	1	3	1	1	1	Great Malbourough St
4	点	1	4	1	1	1	Great Malbourough St
5	点	1	5	1	1	1	Great Malbourough St
6	点	1	6	1	2	2	Oxford Street #1
7	点	1	7	1	6	6	Broad Street
8	点	1	8	1	6	6	Broad Street
9	点	1	9	1	1	1	Great Malbourough St
10	点	1	10	1	2	2	Oxford Street #1
11	点	1	11	1	2	2	Oxford Street #1
12	点	1	12	1	2	2	Oxford Street #1
13	点	1	13	1	2	2	Oxford Street #1
14	点	1	14	1	2	2	Oxford Street #1
15	点	1	15	1	2	2	Oxford Street #1
16	点	1	16	1	2	2	Oxford Street #1
17	点	1	17	1	2	2	Oxford Street #1
18	点	1	18	1	2	2	Oxford Street #1
19	点	1	19	1	2	2	Oxford Street #1
20	点	1	20	1	6	6	Broad Street
21	点	1	21	1	2	2	Oxford Street #1
22	点	1	22	1	2	2	Oxford Street #1
23	点	1	23	1	2	2	Oxford Street #1
24	点	1	24	1	2	2	Oxford Street #1
25	点	1	25	1	2	2	Oxford Street #1
26	点	1	26	1	6	6	Broad Street
27	点	1	27	1	6	6	Broad Street
28	点	1	28	1	6	6	Broad Street

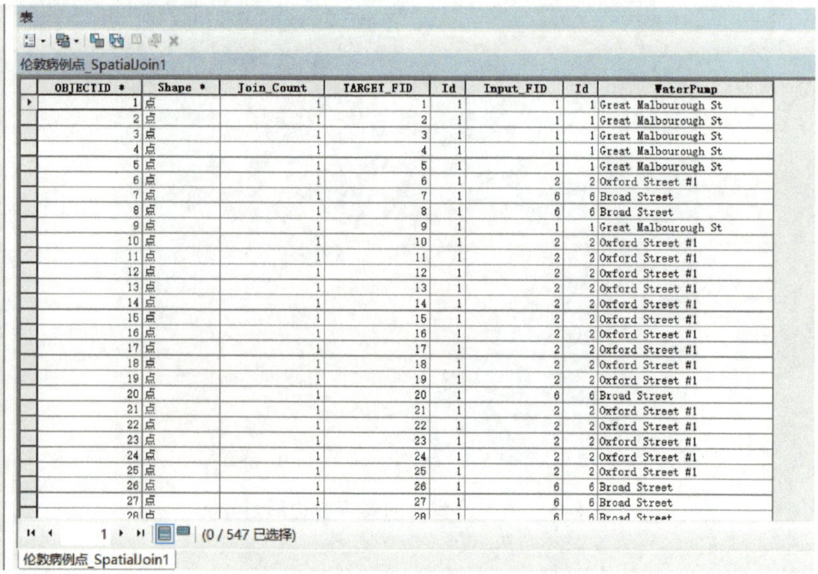

图 6-7　空间连接后的属性表

6.3.3 汇总统计频数

打开【ArcToolbox】，双击【分析工具】→【统计分析】→【频数】。频数字段：选择“WaterPump”；点击【确定】，如图 6-8，自动生成“伦敦病例点_SpatialJoin1_Frequency”。

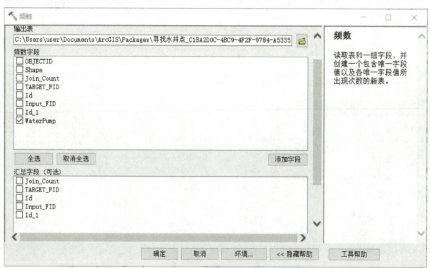

图 6-8　频数对话框

点击主菜单【视图】→【图表】→【创建图表向导】。图层/表：下拉选择“伦敦病例点_SpatialJoin1_Frequency”；值字段：FREQUENCY；X 字段：WaterPump；X 标注字段：

WaterPump,可选择打开/关闭添加图例,点击【下一步】,如图 6-9。

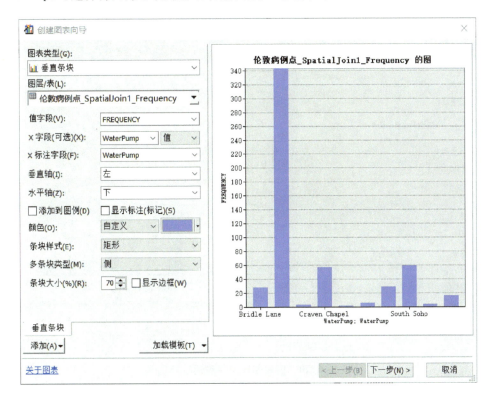

图 6-9　创建图表向导对话框(1)

更改标题名为"伦敦病例点汇总图",点击【完成】。图表框自动加载到地图中,如图 6-10。

6.3.4　视图布局

点击 进入视图布局,调整图层顺序,右键点击"伦敦病例点汇总"选择【添加到布局】,右击图层"伦敦水井点",点击【图层属性】→【标注】,勾选标注此图层中的要素;【标注字段】为 WaterPump;设置字体格式、大小,如图 6-11。

视图图形覆盖重叠时,点击【其他选项】→【放置属性】→【冲突检测】→【缓冲区】,"以与标注高度的比定义缓冲区"输入"1",点击【确定】,如图 6-12。视图设置结果如图 6-13。

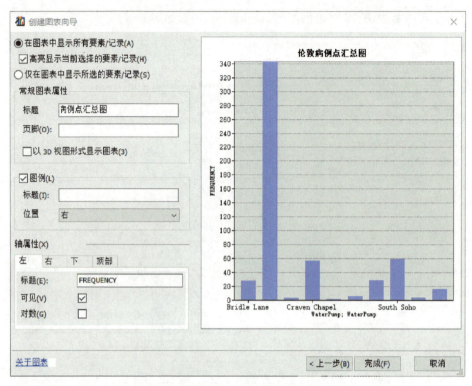

图 6-10　创建图表向导对话框(2)

图 6-11　图层属性对话框

图 6-12 放置属性对话框

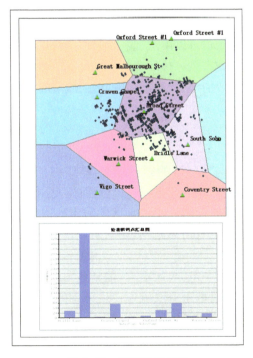

图 6-13 视图设置结果

第六章 城市公共卫生规划支持分析

第七章
通风廊道分析

城市化进程的加快伴随着城市规模扩大,也使得城市的负荷加重,引发如极端天气、夏季静风、冬季雾霾等城市气候问题,降低了居民生活的质量。城市通风廊道能够提升空气流动性,为城区引入新鲜空气,一定程度上缓解城市热岛效应,对于实现城市的低能耗、提升居民的生活品质都有积极作用。

7.1 通风廊道的基本概念

城市通风廊道即风的通道,它可以充分利用空气不断流动的特性,把郊区洁净的冷空气传导至城市内部,并带走城市中的污染物和热量,成为郊区与城市能量传输的通道,使得城市大气能够良性循环。通风廊道可以由点、线、面等形态构成,或者几种相连形成网络;是利用城市自然气象条件来改善城市风—热环境的一种较为节能的方式。城市通风廊道的设置主要目的为缓解城市的热岛效应,降低城市污染,增强城市的自我调节能力。

7.2 地形条件分析

地形条件对城市微气候与风环境的影响较大,需要结合研究区的实际情况进行分析。例如,位于平原地区的城市地形非常开阔,开敞空间面积大,季节性盛行风较为稳定,对城市大气环境质量的改善比较有利;而位于山地地区的城市地形较为复杂,往往多面环山,城市空间较为封闭,如果盛行风向上有山体阻挡,则会对城市空气流通产生明显的阻碍作用,不利于城市大气环境质量的改善。

南京市主城区地形虽较为平坦,起伏不大,但紫金山、老山、清凉山、雨花台等多处山体散布在中心城区及其外围,会对城市空气流通产生一定的阻碍作用。本章分析使用海拔高度来进行研究区地形因子的分析与赋值。

7.2.1 数据加载

步骤一:启动 ArcMap,新建一个地图文档。
步骤二:设置工作环境。

步骤三:点击✚,找到练习数据【通风廊道】→【练习数据】→【南京 dem. tif】,然后点击【添加】,如图 7-1。

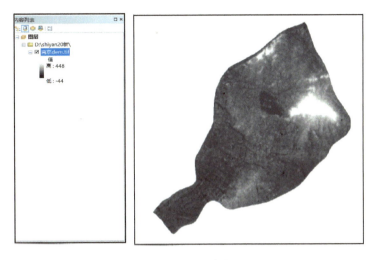

图 7-1　添加数据

7.2.2　DEM 数据的重分类与赋值评价

步骤一:点击【ArcToolbox】→【Spatial Analyst 工具】→【重分类】,如图 7-2。点击【分类】,【方法】选择手动,【类别】选择 4,【中断值】改为 9、18、33、99 999,【新值】分别赋成 9、7、5、3,如图 7-3。得到重分类图片,如图 7-4。

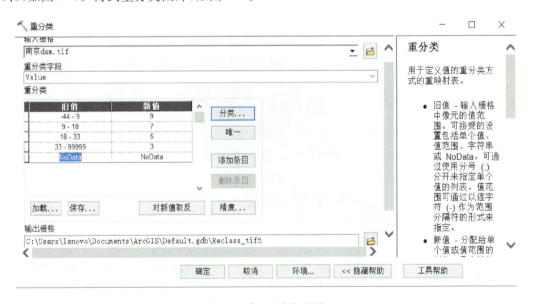

图 7-2　【重分类】对话框

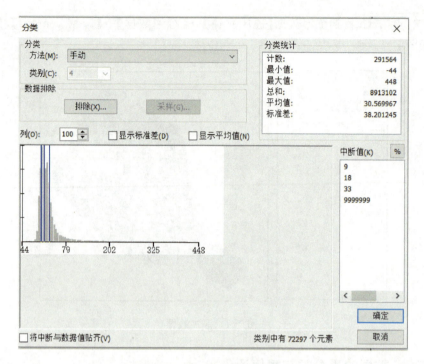

图 7-3 【重分类】的分类设置

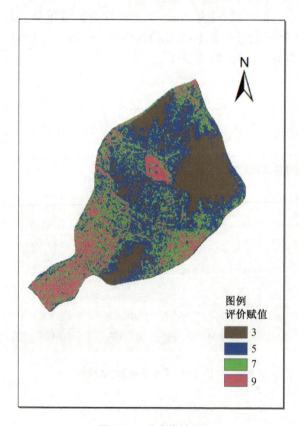

图 7-4 重分类结果

步骤二：重采样将"reclass 地形.tif"数据分辨率由 30 * 30 改为 10 * 10。点击【ArcToolbox】→【数据管理工具】→【栅格】→【栅格处理】→【重采样】，如图 7-5。

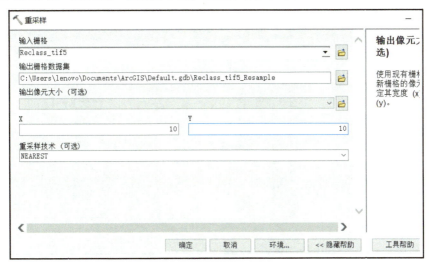

图 7-5 【重采样】对话框

7.3 城市建筑环境分析

7.3.1 数据加载与处理

步骤一：点击 ✚，找到练习数据【通风廊道】→【练习数据】→【建筑.shp】，然后点击【添加】，如图 7-6。

图 7-6 添加数据

步骤二:右击图层,打开属性表,点击 →【添加字段】→【短整形"适宜性"】→【按属性选择】→【高程】→【获取唯一值】→"高程"=9→【适宜性】→【字段计算器】,适宜性赋值5,如图7-7。

图 7-7 【按属性选择】和【字段计算器】界面

按照这种方法,分别将1~3层低层建筑,赋值9;4~6层多层建筑,赋值7;7~10层中高层,赋值5;11~20层高层建筑,赋值3;>20层超高层建筑,赋值1。

7.3.2 面转栅格

步骤一:点击【ArcToolbox】→【转换工具】→【转为栅格】→【面转栅格】,如图7-8。最后生成如图7-9所示。

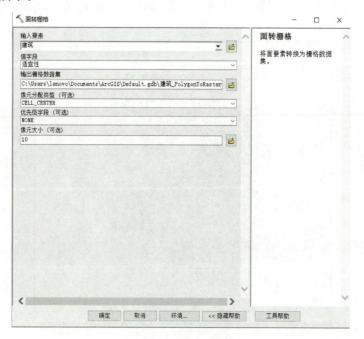

图 7-8 面转栅格窗口

步骤二:为了方便进行多因子空间叠置分析,我们将研究区内非建筑空间赋值为 0。打开"主城区.shp",如图 7-10。

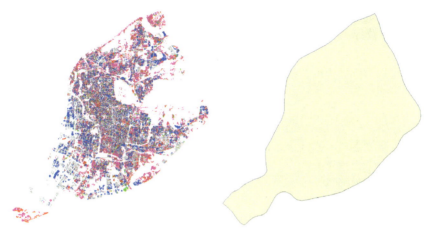

图 7-9　赋值后面转栅格的图　　　　图 7-10　主城区数据

操作:面转栅格为 10 * 10 的栅格文件此时转为的是.tif 文件,然后将.tif 文件转为"主城区栅格.grid",进行添加,如图 7-11。

图 7-11　建筑栅格文件

步骤三：点击【ArcToolbox】→【数据管理工具】→【栅格】→【栅格数据集】→【镶嵌至新栅格】，如图 7-12。

图 7-12　镶嵌至新栅格窗口

输出位置要选择一个有 .tif 文件的文件夹，得出图 7-13 后右击属性，用唯一值显示。

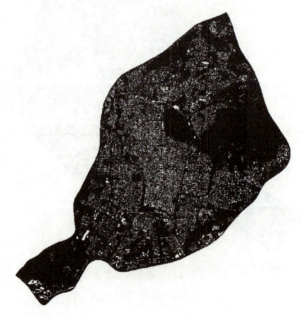

图 7-13　镶嵌至新栅格后的图

7.4 城市道路通风性能评价

路网是城市的骨架,承担着联系各个街区的责任,也是自然风的运输管道,是城市通风廊道的重要组成部分。城市路网对于通风作用的影响可以根据不同的道路等级进行分类。城市快速路和城市主干路是路网的重要骨架,道路路幅较宽,因而通风的截面面积大、通风潜力大;城市次干路和支路主要承担联络各部分集散交通的作用并兼有服务的功能,道路路幅较窄,空气流通所受的阻力比较大,通风潜力较小。相比于遍布建筑的城市建设用地,无论是潜力较大的快速路、主干路还是潜力较小的次干路、支路,自然风受到的空气阻力都会小很多,因而道路是影响城市通风性能的重要因素。

城市道路通风性能评价数据加载与处理如下。

步骤一:点击 ✢ ,找到练习数据【通风廊道】→【练习数据】→【道路合成.shp】,然后点击【添加】,如图 7-14。

图 7-14 添加数据

步骤二:在属性表中新增短整型字段【适宜性】和【缓冲范围】,组合使用【按属性选择】和【字段计算器】工具,按照道路等级(城市快速路 03、城市主干路 04、城市支路 05)分别在【适宜性】字段中进行通风廊道建设适宜性赋值(分别为 5、3、1),【缓冲范围】字段中进行缓冲区宽度的赋值(分别为 20 m、15 m、10 m),如图 7-15。

步骤三:点击【ArcToolbox】→【分析工具】→【邻域分析】→【缓冲区】,选择【缓冲范围】字段,对线文件"道路合成.shp"进行缓冲区分析,生成为面文件"道路合成面.shp",如图 7-16。最后,使用【面转栅格】工具,使用【适宜性】字段,将"道路合成面.shp"面文件转换为【道路 reclass】栅格数据文件,栅格大小为 10 m * 10 m,并使用【镶嵌至新栅格】工具,将【主城区栅格】和【道路 reclass】按照取最大值方式进行镶嵌,得到道路等级分类赋值数据【镶嵌道路】,如图 7-17。

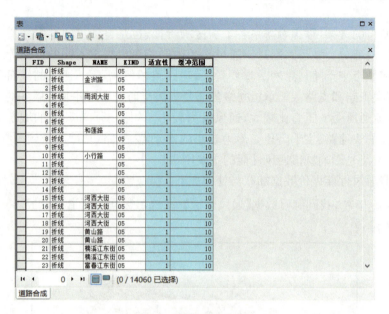

图 7-15 道路合成属性表

图 7-16 输出数据对话框

图 7-17　镶嵌道路

7.5　城市开敞空间分析

城市开敞空间作为城市最重要的冷空气生成区和风的活力缓冲区，为通风廊道提供集聚或加速的空间。研究表明，当城市主导风向与通风廊道风口呈一定夹角（30°～60°），且风为匀速时，最有利于城市通风。城市绿地是开敞空间的重要组成部分，其面积、布局方式、宽度、形状等均对风环境产生重要影响，但面积的作用相对更为重要，当绿地宽度超过 40 米，面积大于 5 公顷时，其生态效果非常明显且比较恒定。城市开敞空间分析数据加载与处理方法如下。

步骤一：点击 ✤，找到练习数据【通风廊道】→【练习数据】→【开敞空间.shp】，然后点击【添加】，如图 7-18。

图 7-18　添加数据

步骤二：属性表中添加一个短整型字段【与风向关系】，根据南京夏季的主导风向（东南向偏南），判读每一个开敞空间斑块与主导风向的相对关系，按照 0～30°、30°～60°、60°～90°分别赋值为 5、3、1。

步骤三：开敞空间形状指数计算。属性表中添加一个双精度字段【形状指数】，根据公式 $LSI = E/2\sqrt{\pi * A}$，计算得出每一个斑块的形状指数，其中，E 表示斑块的周长(m)，A 表示斑块的面积(m^2)，如图 7-19。

图 7-19　字段计算器窗口

步骤四：根据开敞空间形状指数、面积和宽度进行分类赋值，如表 7-1。

表 7-1　通风廊道建设适宜性赋值标准

影响因子/重要程度赋值	分类	评价赋值	适宜度
与主导风向的相对关系	≤30°	5	一般适宜性
	30°～60°	3	弱适宜性
	60°～90°	1	极弱适宜性
形状指数＜2 按照面积划分	20～268 ha	9	极强适宜性
	5～20 ha	7	强适宜性
	1～5 ha	5	一般适宜性
形状指数≥2 按照宽度划分	≥143 m	9	极强适宜性
	74～143 m	7	强适宜性
	33～74 m	5	一般适宜性
	3～33 m	3	弱适宜性

对于"开敞空间.shp"按属性提取，将形状指数≥2 的斑块提取出来，保存为"带形斑块.shp"文件，如图 7-20。使用【数据管理工具】→【要素】→【要素转点/要素转线】工具，将面文

件分别转为点文件"斑块点.shp"与线文件"斑块线.shp",如图 7-21。

图 7-20 带形斑块

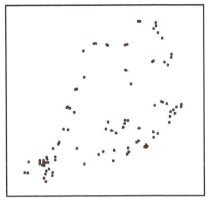
图 7-21 斑块点和斑块线

步骤五:点击【ArcToolbox】→【分析工具】→【邻域分析】→【近邻分析】,计算出每个"斑块点.shp"到"斑块线.shp"的距离,如图 7-22。在斑块点图层属性表里多了一个字段"NEAR_DIST",如图 7-23。

图 7-22 【近邻分析】对话框

在"带形斑块.shp"文件属性表中添加一个浮点型字段【宽度】,将"斑块点.shp"和"带形斑块.shp"文件进行关联,关联字段分别为"FID"和"ORIG_FID",如图 7-24。

第七章 通风廊道分析

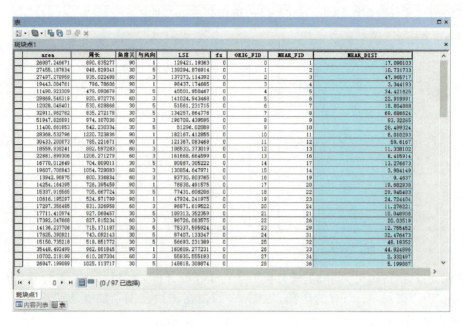

图 7-23 斑块点属性表

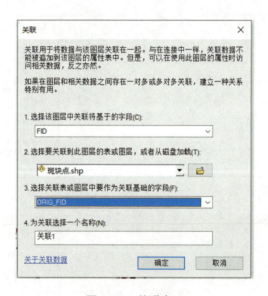

图 7-24 关联窗口

使用【字段计算器】将前面计算的距离乘以 2 之后转赋给【宽度】字段，得到斑块宽度，并按照表 7-1 的宽度进行分类赋值，如图 7-25。

图 7-25 字段计算器窗口

步骤六：点击【ArcToolbox】→【数据管理工具】→【栅格】→【栅格数据集】→【镶嵌至新栅格】，将开敞空间角度、面积、宽度的分类赋值结果分别与"主城区栅格"数据进行镶嵌，得到"镶嵌角度""镶嵌面积""镶嵌宽度"栅格数据文件（图 7-26、7-27、7-28）。

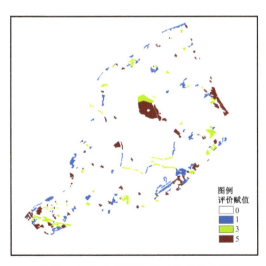

图 7-26 与主导风向相对关系分类图

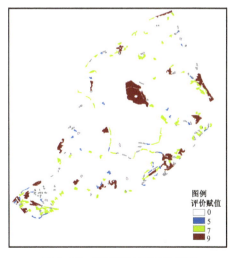

图 7-27 面状斑块面积分类图

第七章 通风廊道分析 093

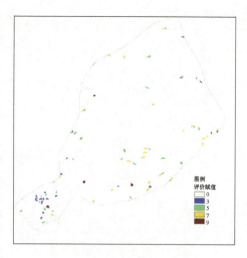

图 7-28　带状斑块宽度分类图

7.6　基于多因子综合评价的城市通风廊道适宜性分析

本实验共选取了影响通风廊道构建适宜性的 5 个因素：χ_1（地形）、χ_2（热环境）、χ_3（建筑高度）、χ_4（道路）和 χ_5（开敞空间）。参考相关文献，确定了这 5 个因子对于通风廊道构建的影响程度，即确定了 $\chi_5 > \chi_4 > \chi_3 > \chi_1 > \chi_2$ 的序列关系，并构建了因子之间的两两判别矩阵（$r_1 = \omega_5/\omega_4 = 1, r_2 = \omega_4/\omega_3 = 1.2, r_3 = \omega_3/\omega_1 = 1, r_4 = \omega_1/\omega_2 = 1.2$），最终得到 5 个因子的比重如下：$\omega_1 = 0.1911, \omega_2 = 0.1592, \omega_3 = 0.1911, \omega_4 = 0.2293, \omega_5 = 0.2293$。

同时，由于开敞空间有 3 个评价因子（χ_{51} 斑块面积、χ_{52} 斑块宽度、χ_{53} 与主导风向的相对关系），我们还需要确定这 3 个因子的相对重要性程度。形状指数与热岛效应减弱呈正相关，形状指数越大，热岛效应减弱就越多；面积越大，促进城市通风的潜力也越大。由于斑块面积和斑块宽度因子是基于城市开敞空间斑块的形状指数进行分类的，文中评价的两个斑块并不存在重叠现象（可视为一个形状因子），因而采用主观赋权法将两个因子赋以相同的权重（$\omega_{51} = \omega_{52} = 0.2$），此时开敞空间斑块与主导风向关系之间的权重为 0.0293（$\omega_5 - \omega_{51} = 0.0293$），如表 7-2。

表 7-2　5 个因子的权重系数

影响因子	权重系数
χ_1（地形）	0.1911
χ_2（热环境）	0.1592
χ_3（建筑高度）	0.1911
χ_4（道路）	0.2293
χ_5（开敞空间）	0.2293
χ_{51}（面积）	0.2000

影响因子	权重系数
χ_{52}（宽度）	0.200 0
χ_{53}（与主导风向相对关系）	0.029 3

通过使用【ArcToolbox】中的【Spatial Analyst 工具】→【地图代数】→【栅格计算器】工具，使用表达式"0.159 2 * "主城区温度"+0.191 1 * "地形重采样"+0.191 1 * "镶嵌建筑"+ 0.229 3 "镶嵌道路"+0.2 * "镶嵌宽度"+0.2 * "镶嵌面积"+0.029 3 * "镶嵌角度"",得到最终的城市通风廊道建设适宜性评价结果，如图 7-29。

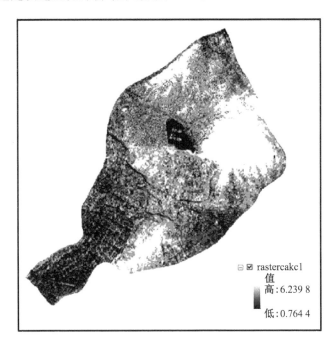

图 7-29 南京主城区通风廊道建设适宜性评价结果

第八章
水文分析

8.1 水文建模工具

ArcGIS Spatial Analyst 扩展模块工具箱中的水文建模工具，提供了用于描绘某一表面上各物理组成部分的方法。这些水文建模工具可用于识别汇、确定流向、计算流量、描绘分水岭和创建河流网络。图 8-1 显示的是通过高程模型生成的河流网络。

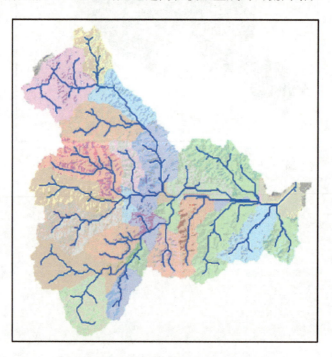

图 8-1　通过高程模型得到的河流网络示例

将高程栅格或数字高程模型（DEM）用作输入，便可以自动描绘出水系并使该水系的特征得到量化。本章介绍通过 DEM 计算分水岭和河流网络等所涉及的步骤。

8.2 水文分析操作方法

8.2.1 流向分析

将DEM用作流向工具的输入参数,可确定水从每个像元流出的方向。使用D8、多流向(MFD)或D-Infinity(DINF)方法创建从每个像元到其下坡相邻点的流向栅格。

操作中把高程表面作为输入,输出一个显示从每个像元流出方向的栅格。如果选择了输出下降率栅格数据选项,则会创建一个以百分比形式表示的输出栅格,显示沿流向的每个像元到像元中心之间路径高程的最大变化率。如果选择了强制所有边缘像元向外流动选项,则表面栅格边缘处的所有像元都将从表面栅格向外流动。

存在八个有效的输出方向,分别与流量可以流入的八个相邻像元相关(图8-2)。该方法通常被称为八方向(D8)流向建模,遵循在Jenson和Domingue(1988)中介绍的方法。

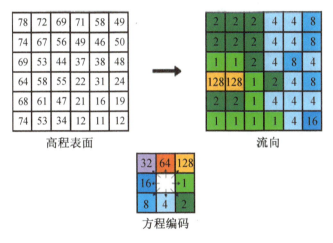

图8-2 流向的编码

步骤一:启动ArcMap,添加DEM数据。

步骤二:双击【Spatial Analyst工具】→【水文分析】→【流向】。输入表面栅格数据:下拉选择"dem";流向类型:D8;点击【确定】,如图8-3。进行水流方向计算,如图8-4。

8.2.2 填洼处理

步骤一:提取洼地。使用汇工具可识别出原始DEM中的所有汇点。汇是指流向栅格中流向无法被赋予八个有效值之一的一个或一组空间连接像元。在所有相邻像元都高于待处理像元时,或在两个像元互相流入以创建一个由两个像元构成的循环时,都会发生这种情况。要精确表示流向及其产生的累积流量,最好使用不含汇的数据集。经过处理已移除所有汇的DEM被称为无汇点DEM。汇的剖面如图8-5。

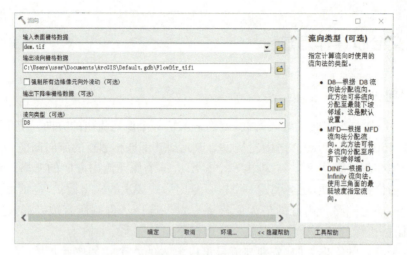

图 8-3 流向对话框

图 8-4 流向计算结果

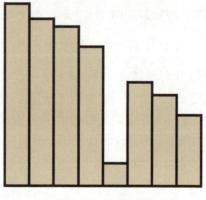

图 8-5 汇的剖面

双击【Spatial Analyst 工具】→【水文分析】→【汇】,输入流向栅格数据;下拉选择"FlowDir_tif1",点击【确定】,如图 8-6。计算结果如图 8-7。

图 8-6 汇对话框

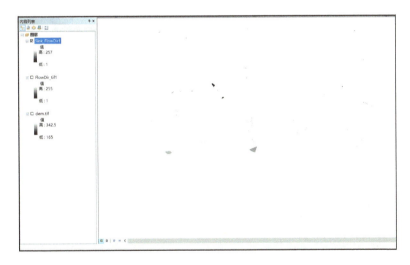

图 8-7 计算出的洼地区域

步骤二:计算洼地贡献。双击【Spatial Analyst 工具】→【水文分析】→【集水区】,输入流向栅格数据:下拉选择"FlowDir_tif1";输入栅格数据或要素倾泻点数据:下拉选择"Sink_FlowDir1";倾泻点字段:选择"Value";输出栅格:命名为"Watersink";点击【确定】,如图 8-8。计算结果如图 8-9。

步骤三:计算洼地最低高程。双击【Spatial Analyst 工具】→【区域分析】→【分区统计】,输入栅格数据或要素区域数据:下拉选择"Watersink";输入赋值栅格:下拉选择"dem.tif";输出栅格:命名为"zonalmin";统计类型:下拉选择"MINIMUM"(最小值);点击【确定】,进行计算,如图 8-10。

步骤四:计算洼地最高高程。双击【Spatial Analyst 工具】→【区域分析】→【区域填充】,

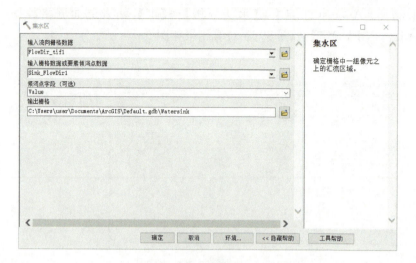

图 8-8　集水区设置对话框

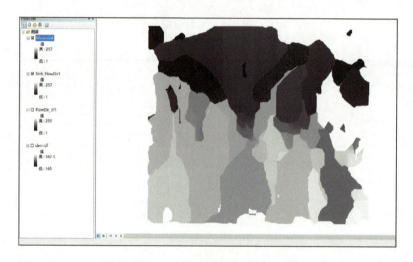

图 8-9　洼地贡献计算结果

输入区域栅格数据：下拉选择"Watersink"；输入权重栅格数据：下拉选择"dem.tif"；输出栅格：命名为"Zonalmax"；点击【确定】，进行计算，如图 8-11。

步骤五：计算洼地深度。双击【Spatial Analyst 工具】→【地图代数】→【栅格计算器】，首先，在文本框中输入"sinkdep"=（"Zonalmax"－"zonalmin"），符号和 Zonalmax、zonalmin 可在图层和变量中选取；然后，将输出栅格命名为 sinkdep，与文本框中的名称保持一致；最后，点击【确定】，进行计算，如图 8-12。

通过五步操作后，就可以得到所有贡献区域的洼地深度，如图 8-13。

为确保流域制图的正确性，这些洼地可通过填洼工具进行填充。

双击【Spatial Analyst 工具】→【水文分析】→【填洼】，输入表面栅格数据：下拉选择"dem.tif"；输出表面栅格：命名为"fildem"；Z 限制：在洼地填充时，设置阈值，那些洼地深度大于阈值的地方将作为真实地形保留，不进行填充；系统默认不设阈值，则所有洼地都被填充。点击【确定】，如图 8-14。计算结果如图 8-15。

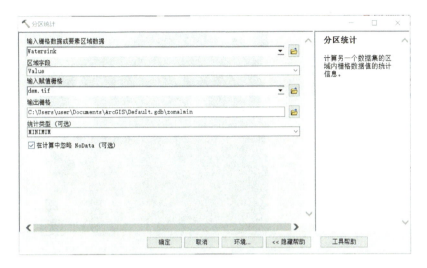

图 8-10　分区统计对话框

图 8-11　区域填充对话框

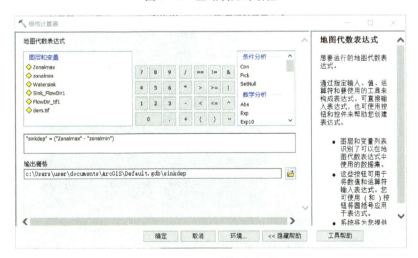

图 8-12　栅格计算器对话框

第八章　水文分析　101

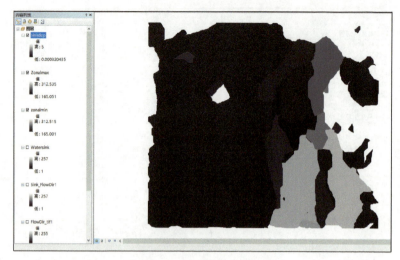

图 8-13　计算出的洼地深度

图 8-14　填洼对话框

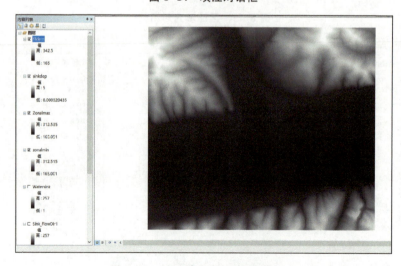

图 8-15　洼地填充后的无洼地 DEM

8.2.3 描绘分水岭

通过分水岭工具可在指定位置描绘分水岭。如果希望仅计算河流网络,则可忽略此步骤。

步骤一:基于无洼地 DEM 的水流方向计算。操作过程与本章 8.2.1 流向分析一样,输入流向栅格数据为上一步计算得出的"fildem"。将生成的水流方向文件命名为"fdirfill"。

步骤二:双击【Spatial Analyst 工具】→【水文分析】→【盆域分析】,输入流向栅格数据:下拉选择"fdirfill";输出栅格:命名为 basin;点击【确定】,如图 8-16。计算结果如图 8-17。

图 8-16　盆域分析对话框

图 8-17　流域盆域

8.2.4 创建河流网络

创建河流网络可使用流量工具计算流到某位置的上坡像元数。

步骤一：上一步骤中创建的输出流向栅格数据可用作本工具的输入。

步骤二：双击【Spatial Analyst 工具】→【水文分析】→【流量】，输入流向栅格数据；下拉选择"fdirfill"；输出蓄积栅格数据：命名为 flowacc；点击【确定】，如图 8-18。计算结果如图 8-19。

图 8-18　流量对话框

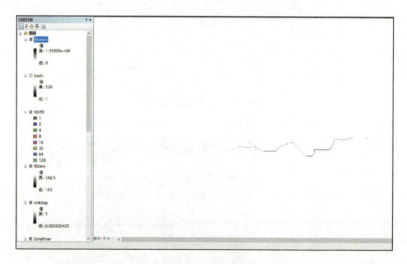

图 8-19　计算生成的汇流积累数据

8.2.5　转换成矢量河网

可以为通过流量工具得到的栅格指定阈值，定义河流网络系统是操作的第一步。要完成此任务，可使用条件函数工具或地图代数。条件函数常用语法的一个例子是 newraster＝con(accum＞100,1)，则像元流入量超过 100 的所有像元均将成为河流网络的一部分。

步骤一：双击【Spatial Analyst 工具】→【地图代数】→【栅格计算器】，文本框中输入"flowacc"＞100；输出栅格：命名为 newraster；点击【确定】，如图 8-20。计算结果如图 8-21。

图 8-20　栅格计算器对话框

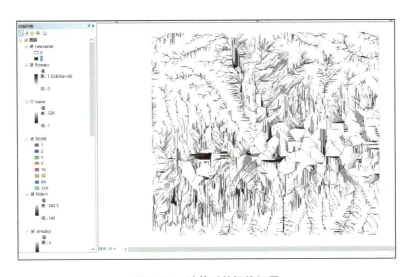

图 8-21　计算后的栅格河网

步骤二：由于计算提取分为 0 和 1 两个值，将该结果分类去掉 0 值的，1 值的代表河网，点击【Spatial Analyst 工具】→【重分类】→【重分类】，旧值 0 赋予新值 NoData，旧值 1 赋予新值 1；输出栅格：命名为 streamnet；点击【确定】，如图 8-22。

步骤三：双击【Spatial Analyst 工具】→【水文分析】→【栅格河网矢量化】，输入河流栅格数据：下拉选择"streamnet"；输入流向栅格数据：下拉选择"fdirfill"；输出折线要素：命名为 streamfea；点击【确定】，如图 8-23。转换成的矢量河网如图 8-24。

第八章　水文分析

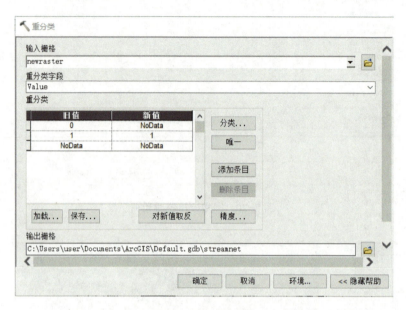

图 8-22 重分类对话框

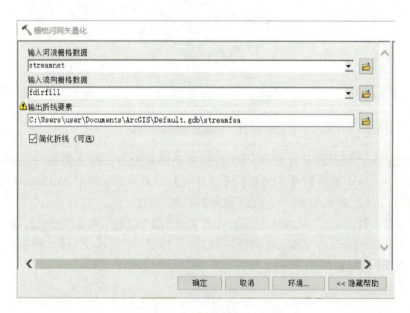

图 8-23 栅格河网矢量对话框

图 8-24　栅格河网转换成的矢量河网

8.2.6　河网分级

要表示网络中每一段的分级情况,可应用河网分级工具;可用的分级方法包括 Shreve 法和 Strahler 法。

双击【Spatial Analyst 工具】→【水文分析】→【河网分级】,输入河流栅格数据:下拉选择 "fdirfill";输入流向栅格数据:下拉选择"streamnet";输出栅格:分别命名为 streamshr 和 streamstr;河网分级方法:分别用 Shreve 法和 Strahler 法对河网进行分级;点击【确定】,如图 8-25。Shreve 法分级结果如图 8-26,Strahler 法分级结果如图 8-27。

图 8-25　河网分级对话框

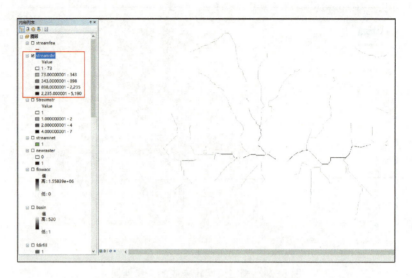

图 8-26 河网的 Shreve 法分级结果

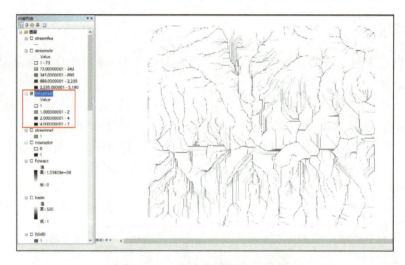

图 8-27 河网的 Strahler 法分级结果

8.2.7 确定水流路径长度

通过水流长度工具可确定给定分水岭内每个像元的水流路径长度(无论是上坡还是下坡)。此方法适用于计算水流经分水岭的行程时间。

操作:双击【Spatial Analyst 工具】→【水文分析】→【水流长度】,输入流向栅格数据:下拉选择"fdirfill";输出栅格:命名为 flowendown;测量方向:选择 DOWNSTREAM(顺流计算)或 UPSTREAM(溯流计算);点击【确定】,如图 8-28。顺流方向上的水流长度计算结果如图 8-29,溯流方向上的水流长度计算结果如图 8-30。

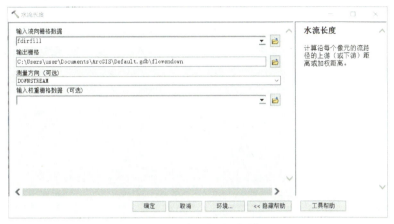

图 8-28 水流长度对话框

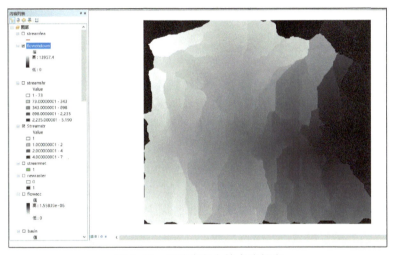

图 8-29 顺流方向上的水流长度

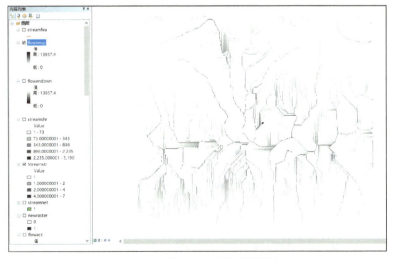

图 8-30 溯流方向上的水流长度

第九章
国土空间规划双评价

9.1 国土空间规划基本概念

按照《中共中央国务院关于建立国土空间规划体系并监督实施的若干意见》要求，双评价是国土空间规划编制的前提和基础，用以指导各地开展资源环境承载能力和国土空间开发适宜性评价工作，保证评价成果的规范性、科学性和有效性。本章基于GIS以城镇建设适宜性评价为基础，进行案例讲解。

双评价是指资源环境承载能力评价和国土空间开发适宜性评价。资源环境承载能力，是基于一定发展阶段、经济技术水平和生产生活方式，一定地域范围内资源环境要素能够支撑的农业生产、城镇建设等人类活动的最大规模。国土空间开发适宜性，指在维系生态系统健康前提下，综合考虑资源环境要素和区位条件，特定国土空间进行农业生产、城镇建设等人类活动的适宜程度。

双评价要达到的目标：分析区域资源环境禀赋条件，研判国土空间开发利用问题和风险，识别生态系统服务功能极重要和生态极敏感空间，明确农业生产、城镇建设的最大合理规模和适宜空间，为完善主体功能区布局，划定生态保护红线、永久基本农田、城镇开发边界，优化国土空间开发保护格局，科学编制国土空间规划，实施国土空间用途管制和生态保护修复提供技术支撑，最终形成以生态优先、绿色发展为导向的高质量发展新路子。

9.2 国土空间规划技术流程

9.2.1 数据要求与准备

收集数据时，应保证数据的权威性、准确性和时效性。所需数据包括基础地理、土地资源、水资源、环境、生态、灾害、气候气象等。

若缺乏优于省级精度数据的，可不进行相应要素的单项评价；可立足本地实际增加评价要素和指标；海洋开发利用、文化保护利用、矿产资源开发利用特点突出的地区可补充相关指标。

当评价结果未充分体现区域内部差异时,可结合实际细分分级区间,但不得改变给定的划分标准。

9.2.2 数据精度与参数要求

评价统一采用 2000 国家大地坐标系(CGCS 2000),高斯-克吕格投影,陆域部分采用 1985 国家高程基准,海域部分采用理论深度基准面高程基准。

省级(区域)层面,单项评价根据要素特征确定区域、流域、栅格等评价单元。计算精度采用 50 米×50 米栅格或更高精度。

市县层面,单项评价宜在省级评价基础上进一步细分评价单元。优先使用矢量数据,使用栅格数据的采用 30 米×30 米栅格或更高精度。

以县级行政区为评价单元计算可承载农业生产、城镇建设的最大规模。

9.2.3 数据资料清单(表9-1)

表 9-1 数据资料清单

类型	名称	精度要求	来源
基础地理类	省/市/县行政区划	—	
	省/市/县海域勘界数据(滨海地区)	—	
	地理国情监测数据(包括地表覆盖数据和地理国情要素)	优于或等于 1∶10 000	自然资源部门
	数字高程模型(DEM)	优于或等于 1∶250 000	
	遥感影像	优于 2 m	
土地资源类	第三次全国国土调查成果及年度变更数据(此前使用全国第二次土地利用调查 2018 年年度变更成果)	优于或等于 1∶10 000	自然资源部门
	农用地质量分等	1∶10 000	
	海岸线利用现状调查数据	1∶5 000	
	省/市土壤数据库(含不同土壤粒径百分比,土壤有机质含量百分比)	优于或等于 1∶1 000 000	农业部门
水资源类	第二、三次全国水资源调查评价成果	—	
	省/市近五年水资源公报	—	
	省/市水资源综合规划	—	水利部门
	四级或五级水资源流域分区图及多年平均水资源量	—	
	省/市/县用水总量控制指标	—	
	地下水超采区分布、多年平均地下水超采量(分深层和浅层超采量)	—	自然资源部门、水利部门
	地下水水位和水质(含矿化度)	—	
环境类	大气环境容量标准数据及其分级结果	5 km×5 km	
	各控制单元或流域分区水质目标	与控制单元或流域分区一致	生态环境部门
	省/市水(环境)功能区划	—	
	省/市/县历年环境污染物统计数据	—	

续表

类型	名称	精度要求	来源
环境类	省/市/县历年大气、水环境质量监测数据	—	生态环境部门
	土壤污染状况详细调查数据	—	
	省/市近五年环境质量报告书	—	
生态类	植被覆盖度	30 m	自然资源部门
	全国森林资源清查及年度变更数据	—	林草部门
	森林、灌丛、草地(草甸、草原、草丛)、园地(乔木、灌木)、湿地、冰川及永久积雪等陆地生态系统,以及红树林、珊瑚礁、海草床、河口、滩涂、浅海湿地、海岛等海洋生态系统(滨海地区)空间分布	—	自然资源部门、林草部门
	水土流失、土地沙化、石漠化、盐渍化、海岸侵蚀(滨海地区)等生态退化区域和强度分级	—	自然资源部门、水利部门、林草部门
	一级、二级饮用水水源保护区分布	—	水利部门
	国家公园、自然保护区、自然公园、森林公园、风景名胜区、湿地公园、地质公园、海洋特别保护区等自然保护地分布	—	林草部门
	国家重点保护物种、中国生物多样性红色名录及分布(含水生生物)	—	生态环境部门、林草部门
	水产种质资源保护区,重要鱼类产卵场、索饵场、越冬场及洄游通道(滨海地区)	—	农业部门
灾害类	地震动峰值加速度	—	应急管理部门
	活动断层分布图	—	
	地质灾害易发性调查评价数据(包括崩塌、滑坡、泥石流和地面沉降等)	不低于 1∶100 000	自然资源部门
	矿山地质环境、城市地质、岩溶塌陷等调查监测和评价成果		
	风暴潮灾害危险性(滨海地区)	—	
气候气象类	评价区及其周边气象台站点坐标	—	气象部门
	多年平均风速、大风日数		
	多年平均静风日数		
	多年平均降水量		
	多年日平均气温≥0℃活动积温	涉及空间插值的数据精度,应与所使用的 DEM 一致	
	蒸、散发量		
	干燥度指数		
	多年月均气温(华氏温度)		
	多年月均空气相对湿度(%)		
	逐日平均风速		
	气象灾害数据(干旱、洪涝、低温寒潮等)	—	

9.2.4 评价工作流程(图9-1)

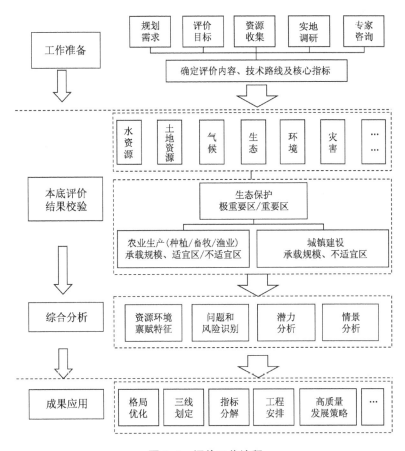

图 9-1 评价工作流程

9.3 城镇建设适宜性评价

开展城镇建设所涉及指向的土地资源、水资源、气候、环境、灾害、区位等单项评价,集成得到城镇建设适宜性,划分为适宜、一般适宜、不适宜三个等级。

地势越低平,水资源越丰富,水气环境容量越高,人居环境条件越好,自然灾害风险越低,且地块规模和集中程度越高,地理及交通区位条件越好,城镇建设适宜性等级越高。城镇建设适宜性评价包括以下内容。

9.3.1 土地资源评价

9.3.1.1 高程评价

对于高程≥5 000米的区域,土地资源等级直接取最低等;高程在3 500～5 000米之间的,将坡度分级降 1 级作为土地资源等级。例如,重庆市 DEM 高程最高是 2 776 米,仅为一个等级,不需要通过高程对土地资源进行评价修正。

9.3.1.2 坡度评价

利用全域 DEM 计算地形坡度,按<3°、3～8°、8°～15°、15°～25°、>25°生成坡度分级图,将城镇建设土地资源划分为高、较高、中等、较低、低 5 级。

步骤一:打开【Spatial Analyst 工具】→【表面分析】→【坡度】,设置如图 9-2。

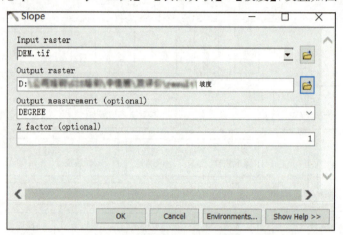

图 9-2　坡度分析

步骤二:打开【Spatial Analyst 工具】→【重分类】→【重分类】,按照 3°、8°、15°、25°中断值分五类,设置如图 9-3。

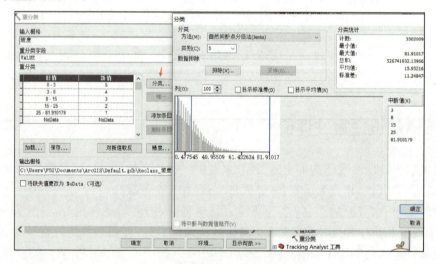

图 9-3　重分类

9.3.1.3 起伏度评价

计算地形起伏度,邻域范围通常采用 20 公顷左右(如 50 m×50 m 栅格建议采用 9×9

邻域,30 m×30 m 栅格建议采用 15×15 邻域),对于地形起伏度>200 米的区域,将初步评价结果降 2 级;地形起伏度在 100~200 米的,将初步评价结果降 1 级作为城镇土地资源等级。

步骤一:打开【Spatial Analyst 工具】→【邻域分析】→【焦点统计】,【邻域分析】采用圆形,半径为 5 个像元,【统计类型】为"RANGE",参数设置如图 9-4。

图 9-4　焦点统计

步骤二:打开【Spatial Analyst 工具】→【重分类】→【重分类】,按照 100、200 中断值分三类,设置如图 9-5。

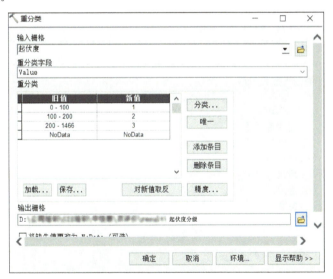

图 9-5　重分类

9.3.1.4 土地资源等级评价

土地资源等级评价是在坡度分级的基础上，使用高程分级和起伏度分级进行修正。修正矩阵如表 9-2。

表 9-2 起伏度修正土地资源等级评价的判断矩阵

起伏度（米）	高(5)	较高(4)	一般(3)	较低(2)	低(1)
＜100(30)	高 5(35)	较高 4(34)	一般 3(33)	较低 2(32)	低 1(31)
100～200(20)	较高 4(25)	一般 3(24)	较低 2(23)	低 1(22)	低 1(21)
≥200(20)	一般 3(15)	较低 2(14)	低 1(13)	低 1(12)	低 1(11)

双击打开【Spatial Analyst 工具】→【地图代数】→【栅格计算器】，输入【Con("起伏度分级.tif" = 1,"坡度分级.tif"-2,"起伏度分级.tif")】，重复使用三次即可。具体步骤如图 9-6、9-7、9-8。

9.3.2 水资源评价

省级层面宜选用四级/五级水资源分区或县级行政区为评价单元，按照水资源总量模数 ≥50 万立方米/平方千米、20 万～50 万立方米/平方千米、10 万～20 万立方米/平方千米、5 万～10 万立方米/平方千米、＜5 万立方米/平方千米划分为好、较好、一般、较差、差 5 个等级。市县层面可采用小流域为评价单元，以充分反映本地水资源流域属性和空间变化差异。确定小流域水资源总量时，应充分利用已有调查评价成果，没有相关成果的可通过水文模型等方法进行计算。

操作：打开【Spatial Analyst 工具】→【重分类】→【重分类】，按照 50、20、10、5 中断值分五类，而重庆只有两个级别，设置如图 9-9。

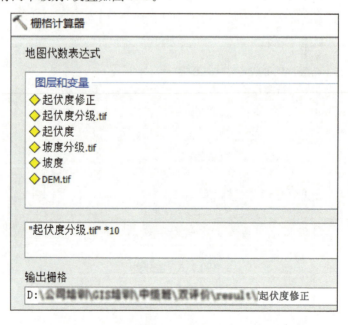

图 9-6 修正

图 9-7 叠加

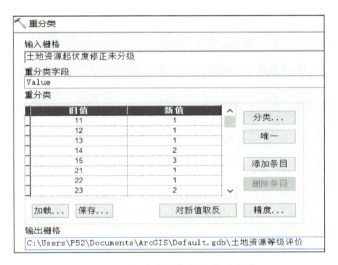

图 9-8 土地资源等级评价重分类

图 9-9 水资源评价重分类

9.3.3 气候评价

9.3.3.1 计算12个月温度和湿度

使用反距离加权插值,采用一组采样点的线性权重组合来确定像元值。权重是一种反距离函数,进行插值处理的表面应当是具有局部因变量的表面,此方法假定所映射的变量因受到与其采样位置间距离的影响而减小(图9-10)。例如,为分析零售网点而对购物消费者的表面进行插值处理时,在较远位置购物影响较小,这是因为人们更倾向于在家附近购物。

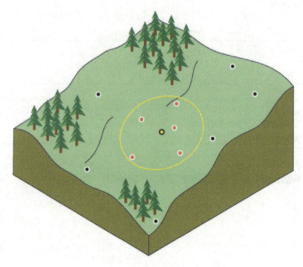

图9-10 所选点的反距离权重邻域

9.3.3.2 计算12月的舒适度指数

舒适度采用Bosen温湿指数,计算公式为:

$$THI = T - 0.55 \times (1-f) \times (T-58)$$

式中:THI为温湿指数,T为月均温度(华氏温度),f是月均空气相对湿度(%)。可根据气象站点数据,分别计算各站点12个月多年平均的月均温度和月均空气相对湿度;通过空间插值得到格网尺度的月均温度和月均空气相对湿度。

操作:双击【Spatial Analyst 工具】→【地图代数】→【栅格计算器】,按照舒适度指数计算公式,输入如图9-11。

9.3.3.3 计算每个月的舒适度等级

12个月格网尺度的温湿指数:按照表9-3的分级标准,划分舒适度等级,取12个月舒适度等级的众数作为该区舒适度。

图 9-11 舒适度指数计算

表 9-3 舒适度分级标准

分级标准	舒适度等级
60~65	7(很舒适)
56~60 或 65~70	6
50~56 或 70~75	5
45~50 或 75~80	4
40~45 或 80~85	3
32~40 或 85~90	2
<32 或 >90	1(很不舒适)

步骤一:打开【Spatial Analyst 工具】→【重分类】→【重分类】,按照 32、40、45、50 中断值分五类,设置如图 9-12。

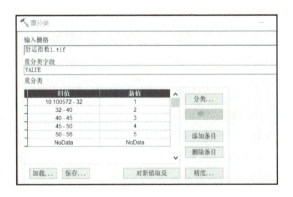

图 9-12 舒适指数重分类

步骤二:双击【Spatial Analyst 工具】→【局部分析】→【像元统计数据】,加载 12 个月舒适度等级,叠加统计选择【mean】,利用自然断裂点分为 5 级,如图9-13。

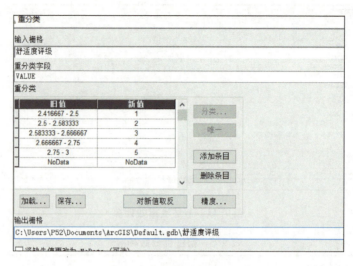

图 9-13　舒适度评级重分类

9.3.4　环境评价

城镇建设环境评价包括大气环境容量评价和水环境容量评价。

9.3.4.1　大气环境容量评价

大气环境容量评价参照《"生态保护红线、环境质量底线、资源利用上线和环境准入负面清单"编制技术指南（试行）》（环办环评〔2017〕99号），进行大气环境容量计算。根据数据分布特征，将大气环境容量各项评价指标划分为高、较高、一般、较低、低5个等级，取各项评价指标中的最低值，作为评价单元大气环境容量等级划分结果。

当数据资料和技术条件不支持上述方法时，可采用以下简化方法：统计区域及周边地区气象台站多年静风日数（日最大风速低于3米/秒的日数）和多年平均风速，通过空间插值分别得到1 km×1 km的静风日数和平均风速图层，按静风日数占比≤5%、5%~10%、10%~20%、20%~30%、＞30%生成静风日数分级图，按平均风速＞5米/秒、3~5米/秒、2~3米/秒、1~2米/秒、≤1米/秒生成平均风速分级图。

（1）平均风速评价

步骤一：双击【Spatial Analyst工具】→【插值分析】→【反距离权重法】，使用反距离加权法（IDW）将平均风速点插值成栅格表面。【输入点要素】选择"平均风速"，【Z值字段选择】选择"MEAN_平均"，设置如图9-14。

步骤二：打开【Spatial Analyst工具】→【重分类】→【重分类】，按照5、3、2、1中断值，将风速图分为五级，设置如图9-15。

（2）静风评价

步骤一：双击【Spatial Analyst工具】→【插值分析】→【反距离权重法】，使用反距离加权法（IDW）将静风风速点插值成栅格表面。【输入点要素】选择"静风统计"，【Z值字段选择】选择"静风频"，设置如图9-16。

步骤二：打开【Spatial Analyst工具】→【重分类】→【重分类】，按静风日数占比5%、

10%、20%、30%中断值,生成静风日数分级图,设置如图9-17。

(3) 大气环境容量等级

取静风日数、平均风速两项指标中相对较低的结果,将大气环境容量指数划分为高、较高、一般、较低、低5级。

操作:打开【Spatial Analyst工具】→【地图代数】→【栅格计算器】,输入"Con("静风等级.tif" > "平均分速分级.tif","平均分速分级.tif","静风等级.tif")",如图9-18。或者采用【镶嵌至新栅格工具】也可以。

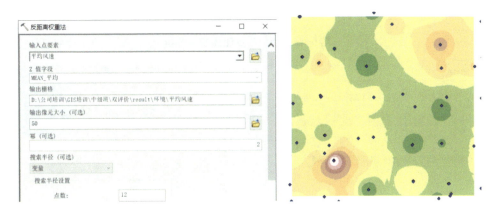

图9-14 平均风速反距离权重分析

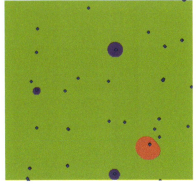

图9-15 风速图

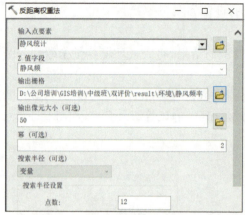 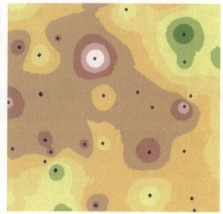

图 9-16　静风日反距离权重分析

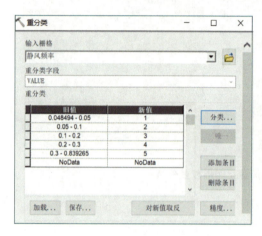 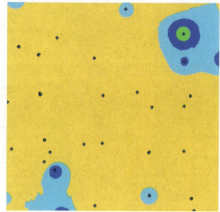

图 9-17　静风日数分级图

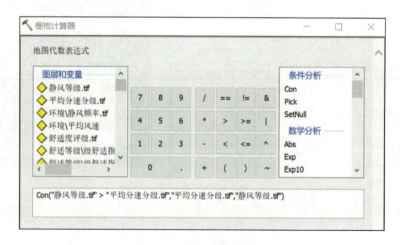

图 9-18　大气环境容量等级划分

9.3.4.2 水环境容量评价

参照《"生态保护红线、环境质量底线、资源利用上线和环境准入负面清单"编制技术指南(试行)》(环办环评〔2017〕99号),进行水环境容量计算。根据数据分布特征,将水环境容量各项评价指标划分为高、较高、一般、较低、低5个等级,取各项评价指标中的最低值,作为评价单元水环境容量等级划分结果。

当数据资料和技术条件不支持上述方法时,可采用径流量法对水环境容量进行简化计算,即通过计算评价单元年均水质目标浓度与地表水资源量的乘积,来表征水环境容量相对大小(本书即采用此方法)。其中,评价单元年均水质目标浓度可结合实际,根据现有水功能区划或控制单元水质目标取均值进行确定。水质标准参照《地表水环境质量标准》(GB 3838—2002)执行。"水环境容量"根据统计公报计算结果。

操作:打开【Spatial Analyst 工具】→【重分类】→【重分类】,按自然断裂点方法,将水环境容量分为5级,注意0值改为Nodata,设置如图9-19。

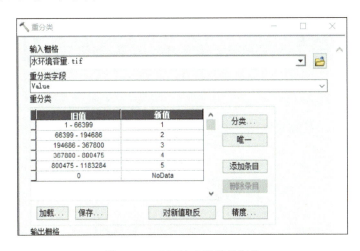

图 9-19 水环境容量等级划分

9.3.5 灾害评价

9.3.5.1 **地质灾害危险性评价**

(1) 地震危险性分析

以活动断层危险性为基础,结合地震动峰值加速度确定地震危险性等级。因缺乏相关数据,本节自绘三条断裂带,仅供读者练习使用。

按照活动断层或地裂缝安全距离,将危险性等级划分为低、中、较高、高、极高5级(表9-4)。

表 9-4　活动断层或地裂缝安全距离分级表

等级	稳定	次稳定	次不稳定	不稳定	极不稳定
距裂缝距离	单侧 400 米以外	单侧 200～400 米	单侧 100～200 米	单侧 30～100 米	单侧 30 米以内
危险性等级	低	中	较高	高	极高

依据《中国地震动参数区划图》(GB 18306—2015)和《建筑抗震设计规范》(GB 50011—2010)，确定地震动峰值加速度，分为低、中、较高和高 4 个等级。位于西南、西北、华北等高地震烈度区的市县应根据区域差异性开展评价。对于地震动峰值加速度为较高的区域，将活动断层危险性提高 1 级；地震动峰值加速度为高的区域，将活动断层危险性提高 2 级。

步骤一：打开【Spatial Analyst 工具】→【邻域分析】→【多环缓冲区】，将距离分为 5 级。设置如图 9-20，注意 1 000 000 值是为生产覆盖整个研究区的图层。

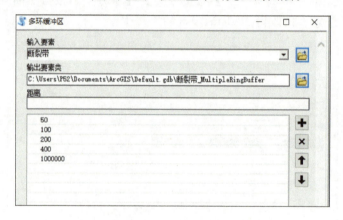

图 9-20　缓冲区分析

步骤二：打开要素属性表，添加短整型字段【等级】，分别按照 0～50,50～100,100～200,200～400,大于 400，赋值 1、2、3、4、5，如图 9-21。将要素转为栅格数据，【转换工具】→【转为栅格】→【要素转栅格】，设置如图 9-22。

(2) 其他地质灾害分析

崩塌、滑坡、泥石流、地面沉降及地面塌陷，对规划有较大影响。可以通过中国地质调查局官网获取或查询当地地质灾害防治规划文件。加载数据【地质灾害等级】进行查看(图 9-23)。

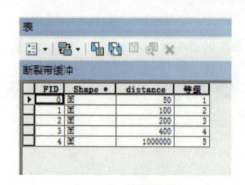

图 9-21　等级赋值

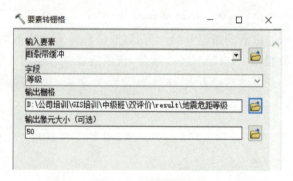

图 9-22　要素转栅格

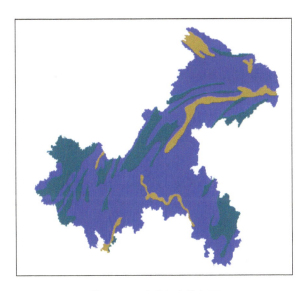

图 9-23　地质灾害等级图

9.3.5.2　综合灾害评价

取活动断层、崩塌、滑坡、泥石流、地面沉降及地面塌陷中的最高等级作为地质灾害危险性等级，划分为低、中、较高、高和极高 5 个等级。

打开【Spatial Analyst 工具】→【地图代数】→【栅格计算器】，输入【Con("地质灾害等级">"地震危距等级","地震危距等级","地质灾害等级")】，如图 9-24。或者采用【镶嵌至新栅格工具】也可以。

图 9-24　综合灾害评价

9.3.6　区位优势度评价

区位优势度可从省级层面区位优势度和市县层面区位优势度进行评价。

省级层面区位优势度根据各评价单元与最近中心城市的交通距离远近进行分级。中心城市原则上选择地级及以上城市，还应考虑区域中邻近并确实对相关区域有影响的国家中心城市、副省级城市、省会城市等。按照距离中心城市的交通距离≤1 小时、1~2 小时、2~3.5 小时、3.5~5 小时、>5 小时,将省级层面区位优势度划分为好、较好、一般、较差、差 5 个等级。

市县层面区位优势度根据区位条件、交通网络密度进行分级。其中,区位条件通过交通干线可达性、中心城区可达性、交通枢纽可达性及周边中心城市可达性反映,可采用时间距离方法计算,按照目标区的交通距离≤20 分钟、20~40 分钟、40~60 分钟、60~90 分钟、>90 分钟,分为五个等级。将公路网作为交通网络密度评价主体,可采用线密度分析方法计算,按照交通网络密度由高到低分为 5、4、3、2、1 五个等级。交通网络密度分级参考密度等级结合本地实际情况,采取专家打分方式进行分级。基于区位条件和交通网络密度评价结果,确定区位优势度评价结果。

9.3.6.1 交通可达性

步骤一:加载交通文件夹中道路图层,图层较多,采用批处理模式。右键【Spatial Analyst 工具】→【距离】→【欧式距离】,如图 9-25、9-26。

步骤二:采用批处理模式。右键【Spatial Analyst 工具】→【重分类】→【重分类】,按 6 000、12 000、20 000、30 000 分为 5 级,设置如图 9-27。

图 9-25 批处理

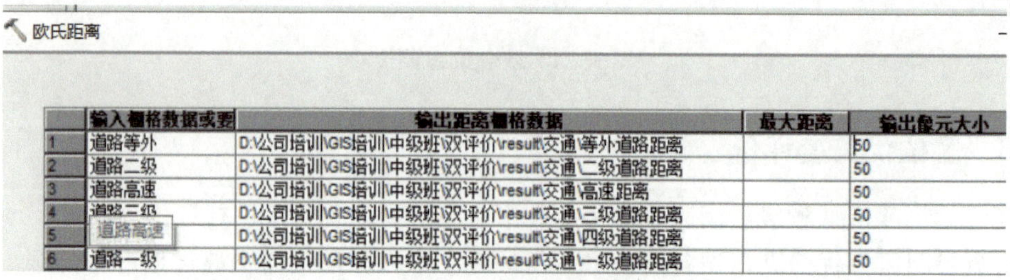

图 9-26 计算欧式距离

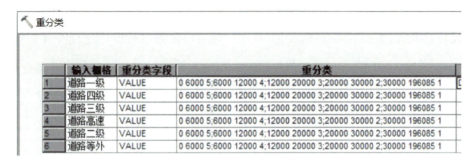

图 9-27　交通可达性重分类

步骤三：右键【Spatial Analyst 工具】→【叠加分析】→【加权总和】,得出道路综合得分,如图 9-28。【Spatial Analyst 工具】→【重分类】→【重分类】,采用自然断裂点法进行分类,可得到五级分类。

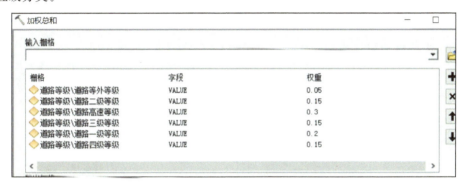

图 9-28　道路综合得分分析

9.3.6.2　区县中心城区可达性

步骤一：点击【Network Analyst】工具条,进行新建服务区分析 Network Analyst 。采用【Network Analyst】分析,选择【加载位置】,加载【区县中心】。点击 ,在【分析设置】中,【默认中断】按照 1 200,2 400,3 600,5 400 输入。然后点击求解 ,设置如图 9-29。

图 9-29　新建服务区分析

第九章　国土空间规划双评价　127

步骤二：将生成的【区县距离】对【边界】要素进行更新，使用【更新】工具。【输入要素】为"边界"，【更新要素】为"区县距离"，如图9-30。然后将结果进行栅格化，使用【面转栅格】，设置如图9-31。

图9-30　要素更新

图9-31　面转栅格

9.3.6.3　中心城市可达性

中心城市可达性与区县中心城区可达性的操作相同，不同的是网络分析【默认中断】按照3 600，7 200，12 600，18 000输入，结果如图9-32。

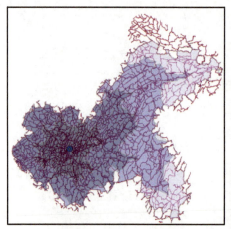

图9-32　中心城市可达性分析

9.3.6.4　交通枢纽可达性

交通枢纽可达性与中心城市可达性的操作相同，不同的是网络分析【默认中断】按照1 200，2 400，3 600，5 400输入。分别对高速口、机场、火车站、港口等进行可达性分析，结果如图9-33、9-34、9-35和9-36。

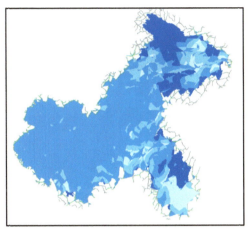

图 9-33　高速口可达性分析结果

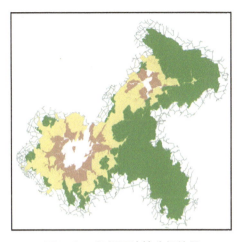

图 9-34　机场可达性分析结果

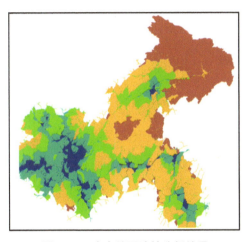

图 9-35　火车站可达性分析结果

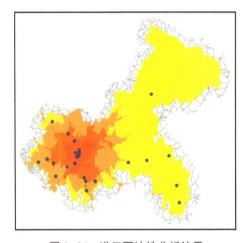

图 9-36　港口可达性分析结果

操作：双击【Spatial Analyst 工具】→【叠加分析】→【加权总和】，权重设置为高速口 0.25、机场 0.3、火车站 0.3、港口 0.15，如图 9-37。然后根据自然断裂点方法进行五类的重分类，如图 9-38；最终生成交通枢纽可达性结果如图 9-39。

9.3.6.5　交通网络密度

将公路网作为交通网络密度评价主体，可采用线密度分析方法计算，按照交通网络密度由高到低分为 5、4、3、2、1 五个等级。由于不同市县所在的区域城镇化程度相差很大，交通网络密度分级参考等级结合本地实际情况，按指南建议采取专家打分方式进行分级。

步骤一：打开【Spatial Analyst 工具】→【密度分析】→【核密度分析】，【输入要素】分别选择"道路网络构建模型""重庆铁路"，设置如图 9-40。然后根据自然断裂点方法进行五类的重分类，如图 9-41；最终生成交通网络密度图，如图 9-42。

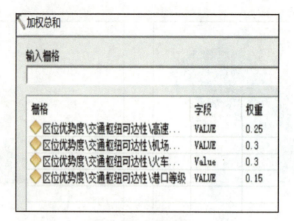

图 9-37 叠加分析

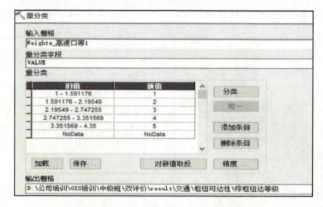

图 9-38 交通枢纽可达性重分类

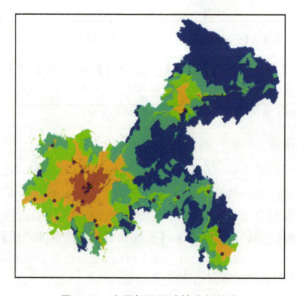

图 9-39 交通枢纽可达性分析结果

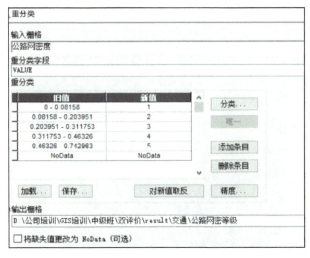

图 9-40 核密度分析

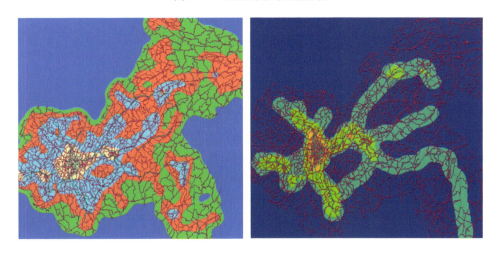

图 9-41 交通网络密度重分类

图 9-42 交通网络密度图

综合评定交通密度,双击【Spatial Analyst 工具】→【叠加分析】→【加权总和】,公路权重为 0.75,铁路权重为 0.25。然后根据自然断裂点方法进行重分类,设置如图 9-43;最终生成综合评定交通密度图 9-44。

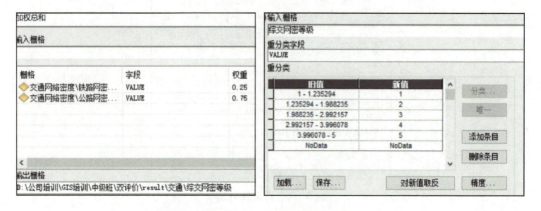

图 9-43 加权总和与重分类

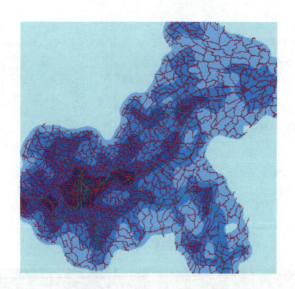

图 9-44 综合评定交通密度图

9.3.6.6 区位优势度综合评价

基于区位条件和交通网络密度评价结果,确定区位优势度评价结果。通过 AHP 评价假定交通干线可达性权重 0.1、区县中心城区可达性 0.3、中心城市可达性 0.2、交通枢纽可达性 0.15、交通网络密度 0.25。双击【Spatial Analyst 工具】→【叠加分析】→【加权总和】,然后根据自然断裂点方法进行重分类,如图 9-45。

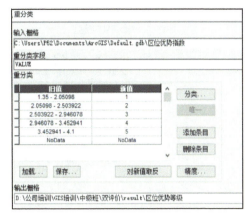

图 9-45 区位优势度综合评价

9.4 城镇建设适宜性集成评价

9.4.1 初判城镇建设条件等级

基于土地资源和水资源评价结果,确定城镇建设的水土资源基础,作为城镇建设条件等级的初步结果(表 9-5)。

表 9-5 城镇建设的水土资源基础参考判别矩阵

水资源	土地资源				
	高(5)	较高(4)	中等(3)	较低(2)	低(1)
好(50)	适宜 5(55)	适宜 5(54)	较高 4(53)	一般适宜 3(52)	不适宜 1(51)
较好(40)	适宜 5(45)	适宜 5(44)	较高 4(43)	较低 2(42)	不适宜 1(41)
一般(30)	适宜 5(35)	较高 4(34)	一般适宜 3(33)	较低 2(32)	不适宜 1(31)
较差(20)	较高 4(25)	较高 4(24)	一般适宜 3(23)	不适宜 1(22)	不适宜 1(21)
差(10)	一般适宜 3(15)	一般适宜 3(14)	较低 2(13)	不适宜 1(12)	不适宜 1(11)

步骤一:双击打开【Spatial Analyst 工具】→【地图代数】→【栅格计算器】,输入【"土地资源等级评价\\土地资源等级评价.tif"＋"水资源评价\\水资源评价等级.tif" * 10】,使用重分类按照城镇建设的水土资源基础参考判别矩阵,如图 9-46。

9.4.2 修正城镇建设条件等级

9.4.2.1 地质灾害评价结果修正

对于地质灾害危险性评价结果为极高等级的,将初步评价结果调整为低等级;为高等级的,将初步评价结果下降两个级别;为较高等级的,将初步评价结果下降一个级别。对风暴

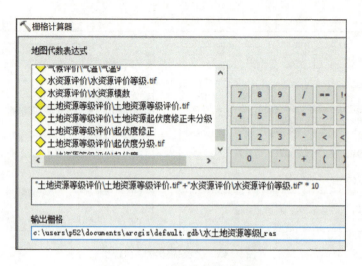

图 9-46 水土地资源等级计算

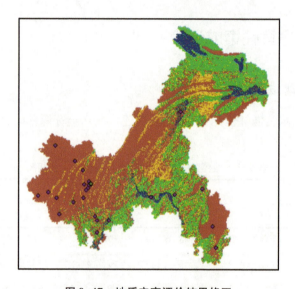

图 9-47 地质灾害评价结果修正

潮灾害危险性评价结果为高的,将初步评价结果下降一个级别。

打开【Spatial Analyst 工具】→【地图代数】→【栅格计算器】,输入【Con("灾害评价\\综合灾害等级.tif" == 5,1,Con("灾害评价\\综合灾害等级.tif" == 4,"水土资源等级"-2,Con("灾害评价\\综合灾害等级.tif" == 3,"水土资源等级"-1,"水土资源等级")))】,结果如图 9-47。

9.4.2.2 环境容量评价结果修正

对于大气环境容量和水环境容量均为最低值的,将初步评价结果下降两个级别;大气环境容量或水环境容量为最低值的,将初步评价结果下降一个级别。

打开【Spatial Analyst 工具】→【地图代数】→【栅格计算器】,输入【Con(("环境评价\\水环境容量评价\\水环境容量分级.tif" == 1)|("环境评价\\大气\\大气环境容量.tif" == 1),1,0)+ Con(("环境评价\\水环境容量评价\\水环境容量分级.tif"== 1) &("环

境评价\\大气\\大气环境容量.tif"==1),2,0)】,结果如图9-48。

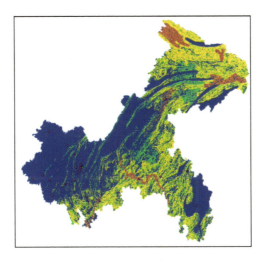

图9-48 环境容量评价结果修正

9.4.2.3 舒适度评价结果修正

对于舒适度等级为很不舒适的,将初步评价结果下降一个级别。

打开【Spatial Analyst工具】-【地图代数】-【栅格计算器】,设置如图9-49。

对区位优势度评价结果为最低值的,将初判城镇建设条件等级下降两个级别;对区位优势度评价结果为较差的,将初判城镇建设条件等级下降一个级别;对区位优势度评价结果为好的,将初判城镇建设条件结果为较低、一般和较高的,分别上调一个级别。

打开【Spatial Analyst工具】→【地图代数】→【栅格计算器】,输入【"集成评价\\舒环灾水土分级.tif"+Con("区位优势度\\区位优势等级"==1,-2,0)+Con("区位优势度\\区位优势等级"==2,-1,0)+Con(("区位优势度\\区位优势等级"==5)&"集成评价\\舒环灾水土分级.tif">1,1,0)】,然后将小于等于零的等级重分类为1,最终结果如图9-50。

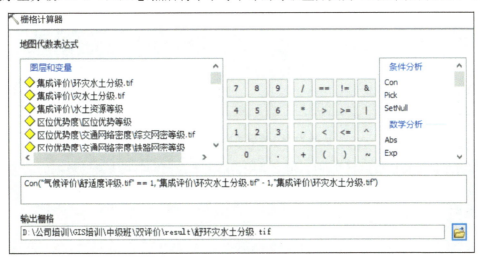

图9-49 舒适度评价结果修正

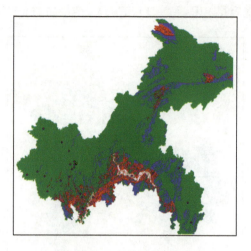

图 9-50 区位优势度评价

9.4.3 城镇建设适宜性划分

将城镇建设条件等级为高、较高的划为适宜,等级为一般、较低的划为一般适宜,等级为低的划为不适宜。对适宜性划分结果进行专家校验,综合判断评价结果与实际状况的相符性。对明显不符合实际的,开展必要的现场核查校验与优化。

打开【Spatial Analyst 工具】→【重分类】→【重分类】,按照 0—1,2—3,4—5 分为 1、2、3,最终结果如图 9-51。

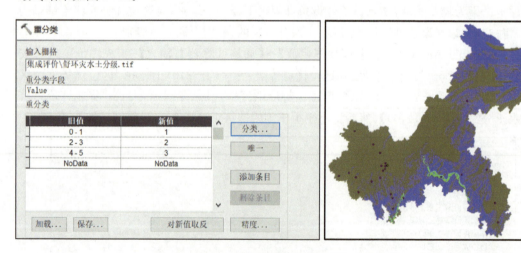

图 9-51 城镇建设适宜性划分

本章示例城市建设适宜性评价,由于采用粗略尺度数据资料和灾害等数据的手绘,导致结果与实际有偏差,此处以明晰阐述过程为主,读者掌握使用过程后可在真实数据的情况下进行评价。

第十章 追踪分析

10.1 追踪分析概述

10.1.1 追踪分析的概念

追踪分析主要用于将随时间移动或更改状态的对象绘制成时空变化图。通过 ArcGIS Tracking Analyst extension 可实现以下功能：通过时态数据实现添加追踪图层到地图中；通过 GPS 与 Tracking Analyst 的网络连接，可以实时将数据绘制成图；回放管理器回放时态数据，可以不同的速度进行正向和反向数据回放等。

10.1.2 相关术语

（1）追踪图层

ArcGIS Tracking Analyst extension 使用的要素图层，Tracking Analyst 提供了可根据要素类或 shapefile 创建追踪图层的工具，也可以根据追踪服务创建实时追踪图层；被追踪的实体即为对象。

（2）事件

事件为在某一特定时间点实体的一组测量值。对用于追踪的观测数据，它必须具有关联的观测时间。每个追踪图层包含一组观测数据。

（3）追踪

追踪为属于同一对象的一组观测数据，是通过聚合具有单一追踪 ID 的单个实体的观测数据形成的。移动对象（如汽车）可具有反映其在过去时间内位置变化的追踪；静态对象也可具有追踪，例如从静态气象传感器收集到的一组温度测量值。追踪 ID 是唯一标识追踪图层中各个追踪或对象的字段。

（4）时间窗

时间窗为追踪事件显示在地图上的时间段。Tracking Analyst 还提供了修改包含在时间窗内的事件所使用的符号系统的功能。

（5）触发器

追踪事件（为执行相应操作而必须满足的一组条件）满足操作触发器的条件时进行的自定义处理。对追踪图层定义的是图层操作，对实时追踪服务定义的是服务操作。

10.1.3 Tracking Analyst 启用

开始使用 ArcGIS Tracking Analyst extension 之前，需要先启用该模块以供 ArcGIS Desktop 应用程序使用。该扩展工具在 ArcMap、ArcCatalog、ArcGlobe 中均可打开。

第一次启动 ArcGIS 应用程序时不会出现 Tracking Analyst 工具条。在启动的 ArcMap 或 ArcGlobe 中，单击主工具条上的"自定义"展开下拉列表，然后指向工具条。在可用工具条列表中，单击【Tracking Analyst】添加该工具条。也可右键单击主菜单中的空白区域，然后单击【Tracking Analyst】添加该工具条。

Tracking Analyst 工具条第一次出现时会浮动显示在 ArcMap 或 ArcGlobe 应用程序中，可根据需要在应用程序中移动或停靠 Tracking Analyst 工具条。

单击主工具条上的"自定义"展开下拉列表，然后单击【扩展模块】打开对话框。单击【Tracking Analyst】旁的复选框启用该扩展模块。单击【关闭】，即可关闭扩展模块对话框（图 10-1）。

图 10-1 启用 Tracking Analyst

10.2 飓风追踪案例分析

大西洋飓风泛指于大西洋水域所产生的热带气旋。美国国家飓风中心设下大西洋的热带气旋季为六月至十二月期间。大西洋飓风的编号在字母 A-L 中取一，大西洋的气旋命名机构为美国国家飓风中心（NHC）。大西洋的飓风对美国东南部地区人们的生命安全构成了巨大威胁。科学家们坚持不懈地研究飓风的模式，尝试了解更多关于环境因素对飓风移动路径的影响。本案例采用 GIS 官方教程数据，展示使用 ArcGIS Tracking Analyst 分析大西洋飓风活动的方式。

10.2.1 添加时态数据

①启动 ArcMap，在追踪分析文件夹中双击打开【飓风 2000.mxd】文件。

②单击 Tracking Analyst 工具条上的【添加时态数据】，打开添加时态数据向导对话框（图 10-2）。

③保持存储策略下拉菜单的设置为默认值；

图 10-2 添加向导对话框

保持旁边按钮的设置为默认选项,包含时态数据的要素类或 shapefile。选择第二个按钮表示想要加载包含在两个独立表中的复杂追踪数据。

④单击按钮【打开】,浏览至名为 Hurricanes 的地理数据库中要素类 atlantic_hurricanes_2000。

⑤单击【包含日期/时间的字段】下拉箭头,然后单击名为【Date_Time】字段以将其选中,Tracking Analyst 可查看此字段以找到关于每个事件发生时间的信息。下拉菜单旁会出现[日期]标注,表示此字段具有"日期"数据类型。Tracking Analyst 自然了解如何从该类型字段中抽取日期和时间信息(图 10-3)。

图 10-3 添加时态数据向导

⑥时区设置为格林尼治时间,选中按夏时制调整值复选框。由此设置追踪中该数据以格林尼治时间收集,并按夏时制调整。

⑦单击旁边下拉菜单的箭头,单击名为【EVENTID】的字段。EVENTID 字段包含每个事件的飓风名称,每个单个飓风的路径在 Tracking Analyst 中都会成为一个轨迹。

⑧保持【添加时态数据向导】对话框的其余设置为默认设置。确认对话框,单击【下一步】,最后单击【完成】按钮。

⑨atlantic_hurricanes_2000 的新追踪图层将出现在内容表中。右键单击图层、单击缩放至图层,将地图缩放至新追踪图层的范围。

⑩右键 atlantic_hurricanes_2000【图层属性】,在【符号系统】选项卡中,选中【轨迹】旁边的复选框,单击【确定】按钮,如图 10-4;在地图上会出现连接地图上事件点的轨迹线(图 10-5)。

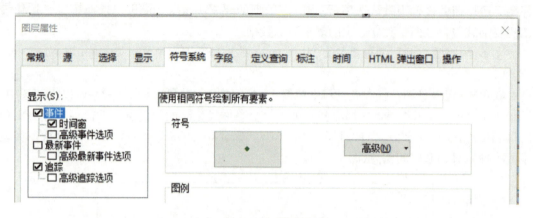

图 10-4 图层属性选项

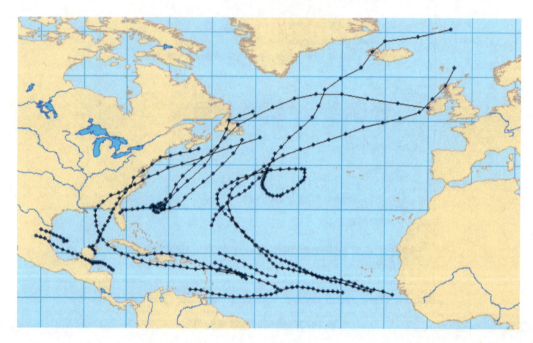

图 10-5 轨迹线

⑪单击追踪管理器查看,如图 10-6。

10.2.2 检查飓风数据

使用数据时钟的绘制工具,能够方便地查看时态数据。数据时钟是用来显示不同时间段数据的时间频率工具,可以方便地看见不同时间存在的数据。

①单击【Tracking Analyst】下拉菜单,指向下拉菜单中的"数据时钟"以展开右拉菜单,单击创建数据时钟,弹出创建数据时钟向导对话框(图 10-7)。

图 10-6　追踪管理器

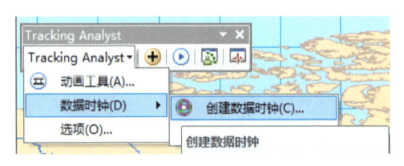

图 10-7　创建数据时钟

②【选择要制成图表的图层】下拉列表中选择【atlantic_hurricanes_2000】图层,【选择要创建数据时钟的汇总方法】下拉箭头选择【"月"—"时"】。

③其余部分的设置为默认值。使用 6 个图例类,并使用默认的色带为图例选择颜色。点击【完成】按钮完成向导并创建数据时钟(图 10-8)。

④数据时钟图创建成功后,可单击或拖动对话框的拐角以调整其大小(图 10-9)。通过数据时钟可以观察飓风事件的时间段:数据时钟周围围绕着的 24 个楔形代表的 24 小时,图中所有数据仅位于 12:00 AM、6:00 AM、12:00 PM 和 6:00 PM 四个楔形中。图中每个圆环代表一个月份,所有数据只位于其中三个圆环内:八月、九月和十月,其中九月是飓风季的高峰期,也就是说飓风季经常集中在夏末秋初的这三个月份。

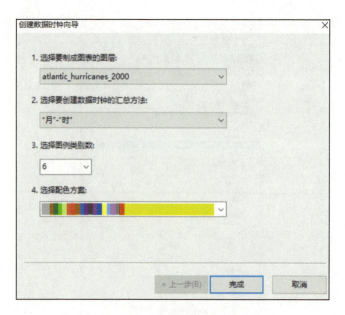

图 10-8　创建数据时钟设置

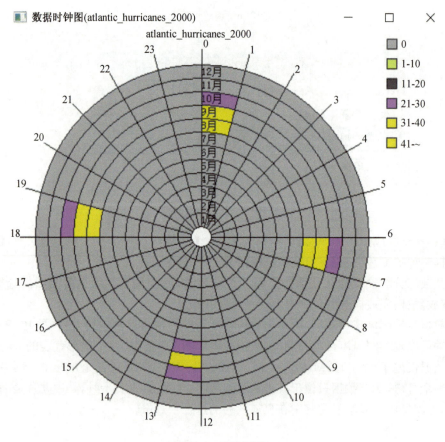

图 10-9　数据时钟

10.2.3 数据符号化

①右键单击内容表中的【atlantic_hurricanes_2000】图层,然后单击【属性】,出现【图层属性】对话框。

②单击符号系统选项卡,选中【时间窗】旁边的复选框。

③在【绘制方式】面板中,单击【颜色】。这意味着飓风数据符号系统会在时间窗口中更改颜色。

④在【时段】文本框中单击并输入 14。

⑤单击【单位】下拉箭头,选择【天】。

⑥单击【色带】下拉箭头,选择与重新播放数据时形成对比的色带。

⑦单击【类别】下拉箭头,选择【7】,单击【应用】保存更改。这个设置意味着 14 天的时间窗口将分割成七个不同的类,每个类具有自己从色带中选择的颜色(图 10-10)。

⑧单击包含线符号的放大按钮,将出现【符号选择器】对话框。此对话框用于更改轨迹线的符号系统(图 10-11)。

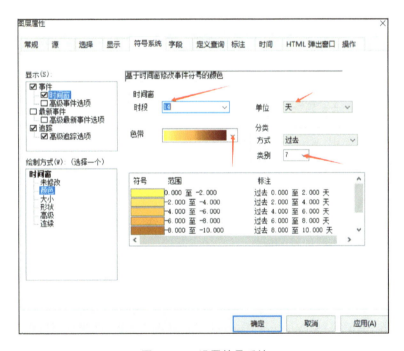

图 10-10　设置符号系统

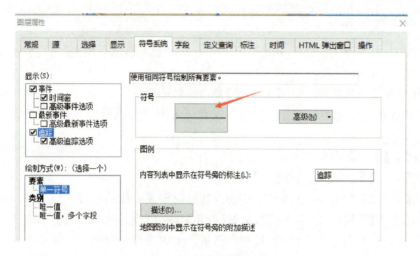

图 10-11　更改轨迹线

图 10-12　更改颜色

⑨单击【颜色】按钮，选中其中的浅灰色，单击【确定】按钮（图 10-12）。

⑩单击【图层属性】对话框的【标注】选项卡。

⑪选中【标注此图层中的最新要素】复选框开启标注。这样就可以标注每个飓风轨迹中的最新事件，并且带有作图选择的属性。

⑫单击【标注字段】下拉箭头，然后单击【EVENTID】，在地图上用飓风名称标注每个飓风，查看数据时可以简单快速地识别每个飓风。

需要注意的是，关闭【图层属性】对话框后，atlantic_hurricanes_2000 图层会消失，其实该图层仍然存在，其原因是 Tracking Analyst 显示地图上当前 14 天的时间窗口中无任何事件。要使 Tracking Analyst 在时间窗口中显示飓风数据，应在"回放管理器"更改地图上显示的时间。

10.2.4　回放时态数据

①单击【回放管理器】打开对话框。

②单击【将回放窗口设置为以下图层的时态范围】下拉箭头，然后单击 atlantic_

hurricanes_2000。通过调整回放窗口的开始和结束时间,展示时间范围内所选图层中所有数据的事件(图 10-13)。

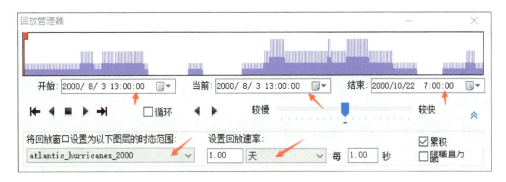

图 10-13　回放管理器

③单击【设置回放速率】下拉箭头,然后单击【天】,即可将回放速率设置为每秒一天。现在就可以回放飓风数据了。在单击播放按钮之前,确保红色时间指示器位于回放窗口的左边。图 10-13 设置中,表示开始时间初始设置为 2000 年 8 月 3 日 13:00,单击播放后,时间会每秒前进一天。

④选中【循环】复选框可连续回放数据。数据回放过程中,可通过单击并拖动度指示器向【较慢】或【较快】标注方向移动来调整回放的速度(图 10-14)。

图 10-14　回放演示

使用最适合自己的回放方法,观测大西洋飓风运动的总体模式。注意飓风具有两种特殊的路径,最南部飓风主要向西移动;更靠北的飓风开始时也向西移动,但在它们靠近北美大陆时最终改为向东北方向移动。

10.2.5　高亮显示特殊事件

飓风事件中风速是影响较大的变量,如果想在数据中分析高速风的模式,可以通过特殊事件的高亮显示呈现出来。在某些情况下，查看数据中的模式会更有用。下面介绍查看飓风速度在何时大于或等于每小时80英里。

①右键单击【atlantic_hurricanes_2000】图层，然后单击【图层属性】，单击【操作】选项卡，点击【新建操作】(图10-15)。

②在【命名操作】文本框中输入【高危风速】，然后单击【要创建的操作类型】列表框中的【高亮显示/禁止显示】(图10-16)。

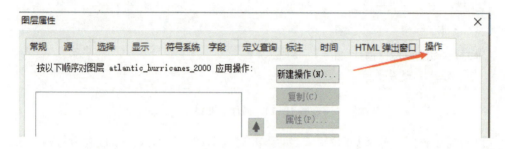

图10-15　新建操作

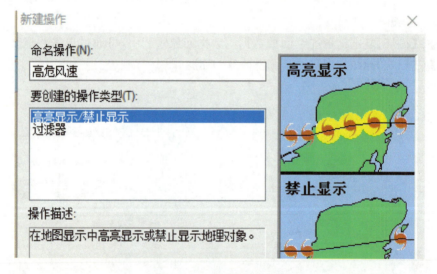

图10-16　高亮显示设置

③单击打开【高亮显示/禁止显示】操作参数对话框，保持【类型】下拉列表的设置为默认值高亮显示。

④设置自己喜欢的高亮显示符号颜色和大小，显示具有特大风速的飓风事件。

⑤单击【查询构建器】按钮，输入查询表达式【″WINDSPEED″>=80】，点击【确定】。

⑥单击【回放管理器】按钮，回放飓风数据。如图10-17显示，风速大于或等于每小时80英里飓风事件在地图上高亮显示。

图 10-17 高亮显示结果展示

第十一章
地统计分析

11.1 地统计分析概述

11.1.1 地统计的概念

新的国土空间规划,规划过程的科学分析支持逐步加强,其中地统计分析方法是重要理论与工具支持。地统计用于分析和预测与空间或时空现象相关的值,它考虑到了数据的空间(在某些情况下为时间)坐标。地统计工具不仅能够提供插值,还可以衡量插值的不确定性。

地统计广泛应用于科学和工程的许多领域中,如采矿行业:量化矿物资源和评估项目的经济可行性,根据更新数据确定哪种材料应输送到工厂、哪种材料应废弃;环境科学:评估污染级别以判断是否对环境和人身健康构成威胁,能否修复;气象应用:预测温度、降雨和相关变量(例如酸雨);公共健康领域:预测环境污染程度及其与癌症发病率的关系。

11.1.2 半变异函数

半变异函数用于描述相隔不同距离的样本之间的差异(方差)。通常情况下,半变异函数在差异较小时显示低方差,在间隔距离较大时显示高方差,以表明该数据空间上自相关。根据样本数据估计的半变异函数称为经验半变异函数,它们表现为图形中的一组点;根据这些点拟合函数,拟合的模型称为半变异函数模型。半变异函数模型是克里金法(一种强大的插值方法,可以为研究区域中的每个位置提供预测值、与预测相关联的误差以及有关可能值分布情况的信息)中的重要组成部分(图 11-1)。

11.1.3 插值方法

地统计是一个方法集,用于估计未进行采样位置处的值并评估结果估计的不确定性,这类函数在大量的决策过程中都显得至关重要。地统计方法只是用于构造现实模型的一种手段,至于如何构建能够满足特定需求的模型并为制定决策提供必要的信息,则需要由实践者自己决定。构建良好的模型,很大程度上取决于对现象的观察理解、采样数据的获取方式和

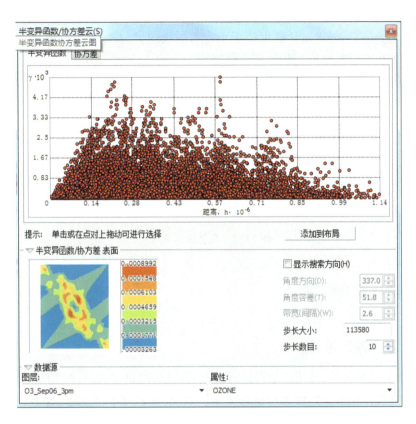

图 11-1 半变异函数

它所表示的内容。

插值的方法有很多，有些方法十分灵活，可适用于各种不同类型的采样数据；有些方法则具有较大的局限性，要求数据必须满足特定条件。例如，克里金方法十分灵活，但在克里金系列方法的操作过程中，采样数据必须满足不同程度的条件才能使结果输出有效。Geostatistical Analyst 提供了全局多项式、局部多项式、反距离权重法、径向基函数、含障碍的扩散插值法、含障碍的核插值法、普通克里金法、简单克里金法、泛克里金法、指示克里金法、概率克里金法、析取克里金法、高斯地统计模拟、面插值、经验贝叶斯克里金法等插值方法。

11.1.4 交叉验证

交叉验证是一种用于评估插值模型准确程度的方法。在 Geostatistical Analyst 中，交叉验证会将一个点排除在外，然后使用其余点预测该位置处的值；然后将排除的点重新添加到数据集中，再移除另外一个点。对数据集中所有样本执行此操作，并提供可比较的预测值和已知值对比评估模型的性能。结果通常被归纳为"平均"误差和"均方根"误差。

交叉验证使用所有数据对趋势和自相关模型进行估计。它会每次移除一个数据位置，然后预测关联的数据值。例如，图 11-2 显示了 10 个数据点，交叉验证会省略一个点（红色点），然后使用剩余的 9 个点（蓝色点）计算此位置的值，将省略点位置的预测值与实际值相比较。对第二个点重复此过程，以此类推。交叉验证会对所有点的测量值和预测值进行比较。在某种意义上,通过使用所有数据估计趋势和自相关模型,交叉验证具有一定的"欺骗性"。完成交叉验证后,如果某些数据位置中含有较大误差,则这些位置可能被作为异常搁置,这时需要重新拟合趋势模型和自相关模型。

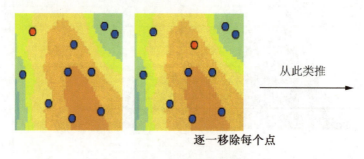

逐一移除每个点

图 11-2 交叉验证原理

11.2 地统计数据浏览

11.2.1 直方图数据查看

如果数据呈正态分布,使用该数据进行表面的插值,可以实现最佳结果。如果数据呈偏斜形状,则可以选择变换数据使其呈正态分布。因此,在创建表面之前,要了解数据的分布情况。"直方图"工具可为数据集中的属性绘制频数,直方图可以检查数据集中每个属性的一元(一个变量)分布。

拓展工具【Geostatistical Analyst】打开方法:

①鼠标右键单击界面上方空白处,勾选【Geostatistical Analyst】,此时控制面板出现【Geostatistical Analyst】工具条(图 11-3)。

②单击工具栏【自定义】,打开【扩展模块】,勾选【Geostatistical Analyst】(图 11-4)。

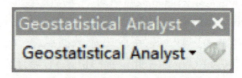

图 11-3 打开地统计向导工具

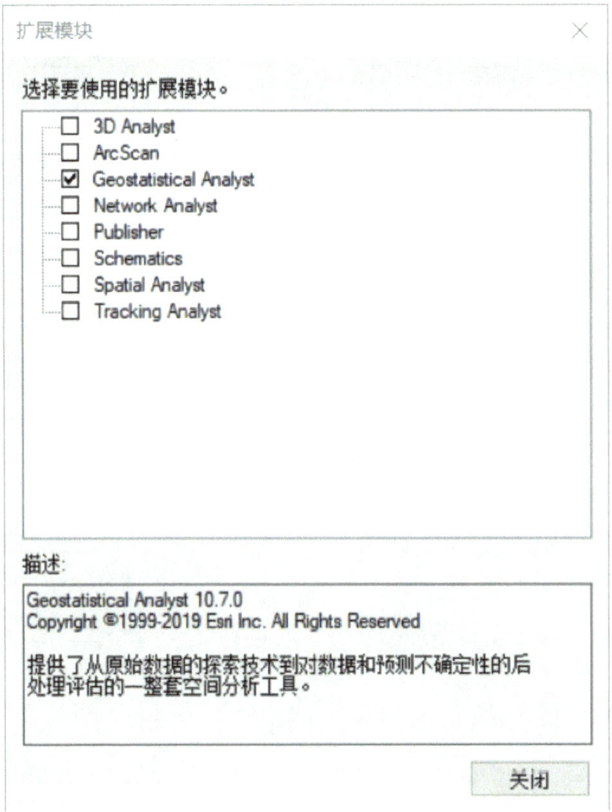

图 11-4　激活地统计向导工具

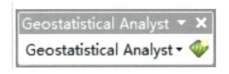

图 11-5　激活完成

③【Geostatistical Analyst】工具条被激活(图 11-5)。

直方图工具使用方法：

①在【Geostatistical Analyst】工具条上单击【Geostatistical Analyst】,选择【探索数据】,点击【直方图】。

②选择图层【臭氧】,选择属性【OZONE】。

在直方图中,臭氧值的分布分成 10 个级别进行显示,每个级别中数据的频数以各条块的高度表示。勾选【统计分析】,数据基本统计特征显示出来,其中分布的重要特征包括中心值、偏离程度和对称度。作为一种快速检查手段,如果平均值和中值近似相同,则初步表明数据可能呈正态分布。图 11-6 中数据明显左偏,正态分布不理想。

③查看数据较大的点位置,通过选择直方图中的右侧两组,可在地图上对应选择处于此

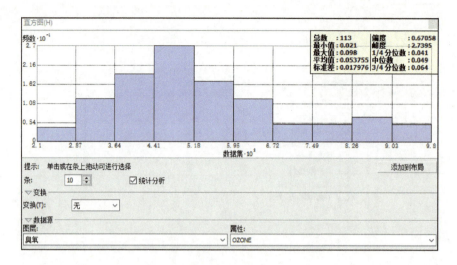

图 11-6 直方图

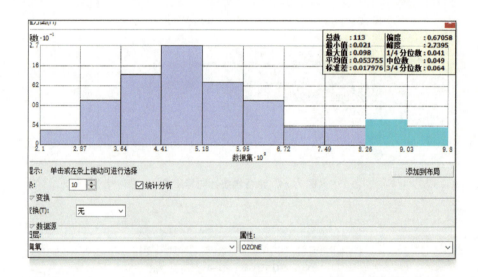

图 11-7 显示所选点的直方图和地图

范围内的采样点(图 11-7)。

④单击【选择】,选择【清除所选要素】,清除地图和直方图上的所选点。

⑤单击直方图对话框右上角的关闭按钮。

11.2.2 浏览空间自相关和方向影响

①在【Geostatistical Analyst】工具条上单击【Geostatistical Analyst】,选择【探索数据】,单击【半变异函数/协方差云(S)】(图 11-8)。

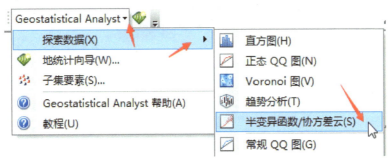

图 11-8　菜单中的半变异函数/协方差云

②单击属性箭头,选择【OZONE】,半变异函数/协方差云图在工具上方绘制完成(图 11-9)。图中每个红色圆点表示一个位置对,相互之间越接近的位置就应该越相似。在半变异函数图中,在 x 轴的最左侧应该具有较小的半变异函数值。随着位置对之间的距离增加、x 轴上向右移动,半变异函数值(y 值)也应该增加。当到达某个距离时云会变平,这表示相互间距离大于此距离的点对间值不再相关。

③单击【按矩形选择】要素按钮,在【半变异函数/协方差云(S)】对话中框中某些具有较大半变异函数(y 轴)值的点的上方单击并拖动光标以选择这些点。从图中可以看到数据受到方向因素的影响,需要有了解当地情况的科学家才能分析产生的原因(图 11-10)。

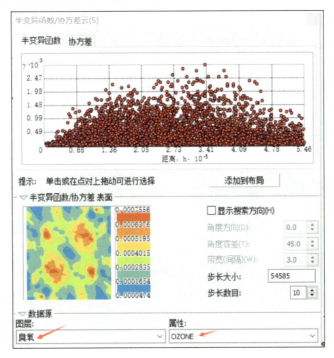

图 11-9　半变异函数云

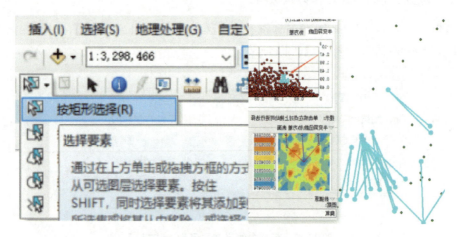

图 11-10 选择示例

④单击【选择】,选择【清除所选要素】,清除地图和半变异函数上的所选点。

⑤选中【显示搜索方向】,单击并将方向光标移动到任一角度,光标所指向的方向决定了将在半变异函数图上绘制的数据位置对(图 11-11)。

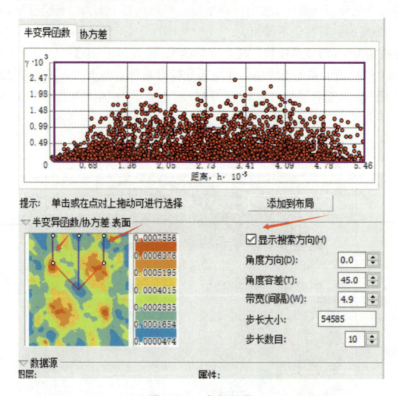

图 11-11 数据位置

11.2.3　数据全局趋势识别

①在【Geostatistical Analyst】工具条上，单击【Geostatistical Analyst】，选择【探索数据(X)】，最后单击【趋势分析(T)】(图 11-12)。

②单击属性箭头，选择【OZONE】。趋势分析图中的每个垂直杆对应一个位置的臭氧测量值，这些数据点都投影到垂直平面上，穿过这些投影点绘制出一条最佳拟合线(多项式)，显示特定方向上的趋势。如果此线是平的，则表示不存在趋势。图 11-13 数据明显存在很强的方向趋势。

③单击旋转【位置】右侧的滚动条，旋转到理想的旋转角度。可以看到在旋转这些点时，对于任何特定的旋转角度，趋势可能表现出增强或减弱，从而可以发现其中存在的一些数据规律。

注：以上操作在图层【臭氧】中完成。

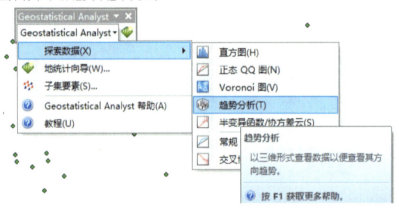

图 11-12　菜单中的"趋势分析"

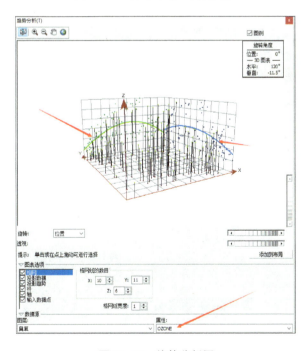

图 11-13　趋势分析图

11.3 绘制温度场图

①在【Geostatistical Analyst】工具条上,单击【Geostatistical Analyst】,选择【地统计向导】。
②在【方法】列表框中,单击【克里金法/协同克里金法】。
③单击输入数据下拉箭头,选择"站点温度",数据字段选择"av0130"(图11-14)。
④单击【下一步】,处理重合数据,选择【使用平均值】,单击【确定】(图11-15)。
⑤单击【简单】克里金法,点击【变换前去聚】箭头选择【True】,点击【下一步】(图11-16)。

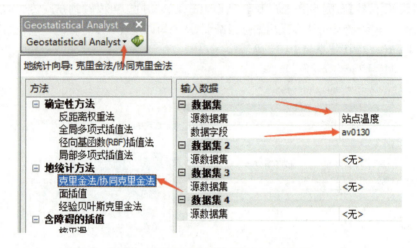

图11-14 克里金法/协同克里金法设置

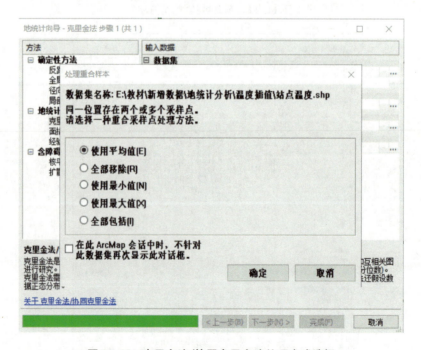

图11-15 克里金法/协同克里金法处理方式选择

⑥参数默认,点击【下一步】(图 11-17)。
⑦【常规】下,单击【变量】箭头,选择【半变异函数】,点击【下一步】(图 11-18)。
⑧参数默认,点击【下一步】(图 11-19)。点击【完成】,调整图层顺序(图 11-20)。

图 11-16　克里金法/协同克里金法变换前去聚选择

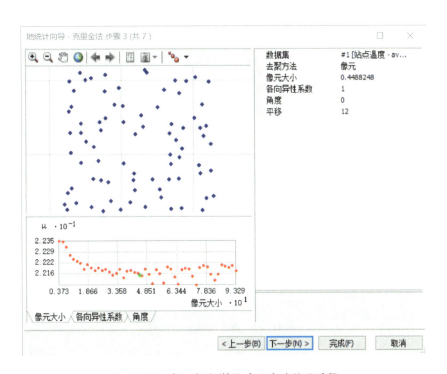

图 11-17　克里金法/协同克里金法处理过程

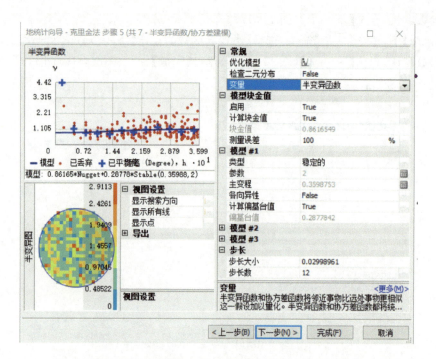

图 11-18 克里金法/协同克里金法设置半变异函数

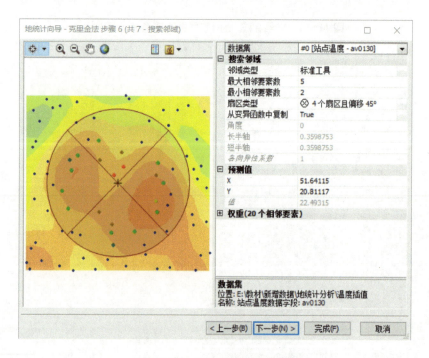

图 11-19 温度场图处理过程

插值后温度场如图 11-21,温度以 23.07—24.14 摄氏度至 20.50—21.19 摄氏度梯级分布,高温区块位于图中心区域,温度从两块最高温度区域向外逐渐降低,最低温区块位于西北侧。

注:以上操作在图层【站点温度】中完成。

图 11-20　温度场图数据处理

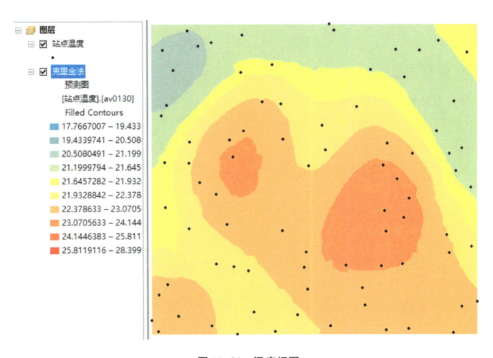

图 11-21　温度场图

第十二章
模型构建器

12.1 模型构建器概述

12.1.1 模型构建器的概念

模型构建器是一个用来创建、编辑和管理模型的应用程序，是将一系列 GIS 地理处理工具串联在一起的工作流，它将其中一个工具的输出作为另一个工具的输入。模型构建器实际上是构建工作流的可视化编程语言。模型构建器所创建的模型，能够作为共享工具来提供扩展 ArcGIS 功能的高级方法。结合使用模型构建器和脚本可将 ArcGIS 与其他应用程序进行集成。

12.1.2 模型元素

模型元素是模型的基本构建单元，主要有工具、变量、连接符，如图 12-1 所示。

（1）工具

ArcGIS 中的地理处理工具是模型工作流的基本组成部分。工具被添加到模型中后，即成为模型元素。工具分为内置工具、脚本工具、模型工具三类。内置工具是使用 ArcObjects 和像.NET 这样的编译型编程语言构建的，通常已经随 ArcGIS 一起安装。

（2）变量

它是模型中用于保存值或对磁盘数据进行引用的元素，有数据和值两种类型。数据变量是包含磁盘数据的描述性信息模型元素，所描述的数据属性包括字段信息、空间参考和路径。值变量是诸如字符串、数值、布尔（true/false 值）、空间参考、线性单位或范围等值。值变量包含了除对磁盘数据引用之外的所有信息。

（3）连接符

连接符用于将数据和值连接到工具。连接符箭头显示了地理处理的执行方向。连接符有数据、环境、前提条件、反馈四种类型。数据连接符用于将数据变量和值变量连接到工具；环境连接符用于将包含环境设置的变量（数据或值）连接到工具；前提条件连接符用于将变量连接到工具；反馈连接符用于将某一工具的输出返回给同一工具作为输入。

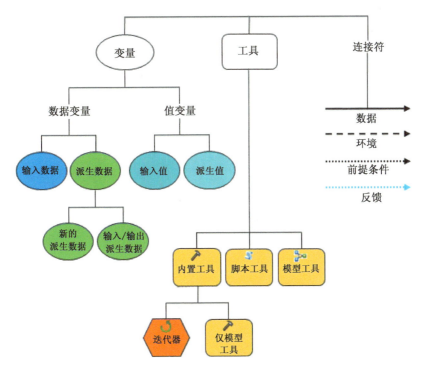

图 12-1 模型元素的分类构成(ESRI,2017)

12.1.3 迭代器

迭代又称为循环,是指以一定的自动化程度多次重复某个过程。在模型构建器中进行迭代时,可以在每次迭代中使用不同的设置和数据来反复执行同一个过程,自动重复任务可节省时间和精力。模型构建器中的迭代操作灵活,用户可以迭代整个模型,或只是重复执行单个工具或过程。迭代器类型见表 12-1。

表 12-1 迭代器类型

迭代器	描述
For 循环	按照给定的增量从起始值迭代至终止值。其工作原理与任何脚本/编程语言中 For 循环的工作原理完全相同,即从头到尾执行固定数量的项目
While 循环	与任何脚本/编程语言中"While"的作用完全相同,当相应输入或一组输入的条件为 true 或 false 时继续执行 While 循环
迭代要素选择	迭代要素类中的要素
迭代行选择	迭代表中的所有行
迭代字段值	迭代字段中的所有值
迭代多值	迭代值列表
迭代数据集	迭代工作空间或要素数据集中的所有数据集
迭代要素类	迭代工作空间或要素数据集中的所有要素类

续表

迭代器	描述
迭代文件	迭代文件夹中的文件
迭代栅格数据	迭代工作空间或栅格数据目录中的所有栅格数据
迭代表	迭代工作空间中的所有表文件
迭代工作空间	可迭代文件夹中的所有工作空间

12.2 使用模型构建器创建工具

12.2.1 创建初始模型

①打开【模型构建】文件夹,选中【植被提取.mxd】,然后单击打开。

②双击【目录窗口】中的示例【Model】,打开的工具不显示任何参数,如图12-2所示。

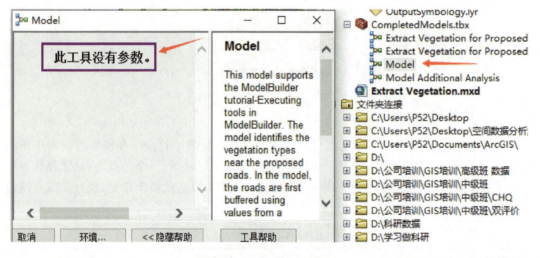

图 12-2 打开 Model 状态

12.2.2 显示工具参数

在建模过程中,将工具添加到模型后,会自动为输入和输出数据集创建模型变量,但不会为任何其他工具参数创建模型变量。要定义【缓冲距离】和【XY 容差】参数,需要为它们创建模型变量。

①右键单击【Model】,然后单击【编辑】,将在【模型构建器】中打开【Model】。

②右键单击【Buffer】,单击【获取变量】,再单击【从参数】,然后选择【距离(值或字段)】。"距离"参数作为变量添加到模型中,如图12-3所示。

③右键单击【Clip】,单击【获取变量】,再单击【从参数】,选择【XY 容差】,如图12-4所示。

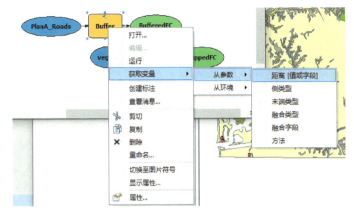

图 12-3　从距离参数获取变量

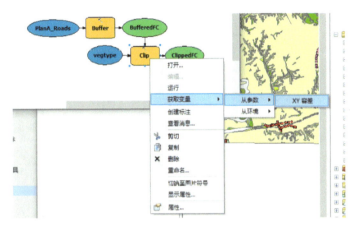

图 12-4　从 XY 容差参数获取变量

12.2.3　创建模型参数

①右键单击【距离(值或字段)】,然后选中【模型参数】选项,如图 12-5 所示。变量旁边将显示字母 P,表示此变量为模型参数。

②相同的方法为 PlanA_Roads、vegtype、BufferedFC、ClippedFC 这 4 个变量创建模型参数。

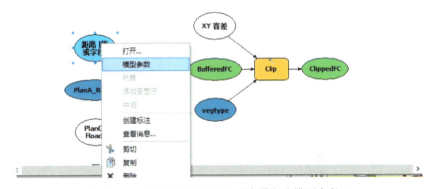

图 12-5　为【距离(值或字段)】变量创建模型参数 P

第十二章　模型构建器

12.2.4 对模型元素重命名

模型构建器中的变量是默认名称,这些变量名用于对话框上参数名称的显示。实际建模过程中,需要操作者根据实际情况进行变量重命名。

①右键单击【PlanA_Roads】,然后单击【重命名】,输入"输入道路",然后单击【确定】,如图 12-6 所示。

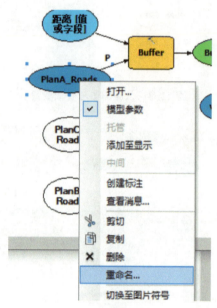

图 12-6 变量重命名

②重复相同方法,将【距离值或字段】重命名为"缓冲距离";将【vegtype】重命名为"输入植被";将【ClippedFC】重命名为"输出裁切后的要素类"。

③保存模型。再次双击该模型可打开模型工具对话框,如图 12-7。

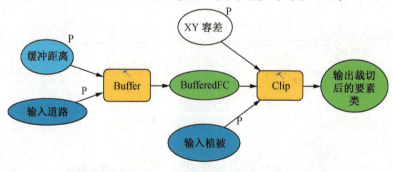

图 12-7 Model 样式

12.2.5 设置模型参数顺序

有些情况下,模型参数的顺序并不理想,需要进行调整。标准做法是按以下顺序排列参数:必需的输入数据集;影响工具执行的其他必需参数;必需的输出数据集;可选参数。

①右键单击【Model】,选择【属性】,单击【参数】选项卡。

②选择【输入道路】参数,然后使用右侧的向上箭头和向下箭头按钮将其移动到顶部,如图 12-8 显示的流程,结果如图 12-9。

图 12-8　调整参数属性方式

图 12-9　输入道路参数置顶

12.2.6　设置模型参数类型

在调整模型参数的顺序为理想状态时,需保证参数类型正确。应确保当参数是模型工具中"必需",其参数类型不可以显示为"可选"。

①右键单击【Model】,选择【属性】,单击【参数】选项卡。

②选择【XY 容差】,然后单击【类型】类别下方的单元格,选择【可选】。

③其余参数【类型】类别下方的单元格全部选择【必填】,如图 12-10。

12.2.7　模型参数设置过滤器

当需要特定类型的数据时可通过对参数应用过滤器来限制任何参数的输入类型。通过过滤器来修改该参数,使其仅接受折线要素。

①右键单击【Model】,选择【属性】,单击【参数】选项卡。

②选择【输入道路】,然后单击【过滤器】类别下方的单元格,选择【要素类】。

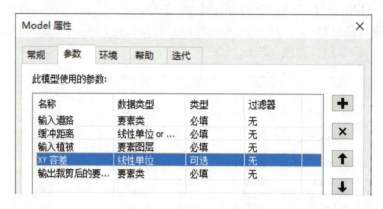

图 12-10　设置参数类型

③在打开的【要素类】对话框选中【折线】类型,然后单击【确定】,如图 12-11。

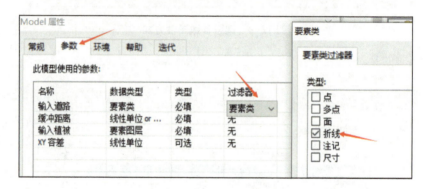

图 12-11　设置过滤器方式

12.3　生态分析建模

在规划院的项目实践中,经常遇到与生态分析相似的项目需求。在笔者从事规划设计的实践中,曾经做过几十次类似的分析,因此萌生出建立生态分析的模型工具的想法,以一劳永逸地解决这个问题。但是由于精力有限,再加上时常也忙于琐事,在这里仍只能以山区某县城开发地块为例,抛砖引玉,希望读者能在规划设计项目实践中在此方面有所成就。

本案例建模仅采用四个因子,以简化建模程序,便于读者清晰掌握如何使用建模工具。

12.3.1　准备建模工具

①右键点击【建模工具】,选择【新建】,点击【模型】,即可新建模型,如图 12-12。

②单击【污染区】【江面】【NDVI】【DEM】四个图层,拖拽至"模型 1"界面内,如图 12-13。

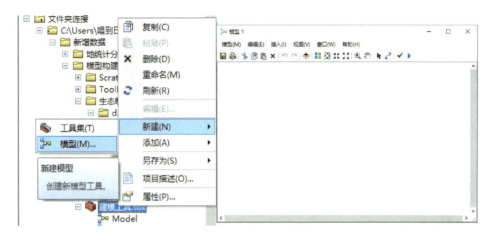

图 12-12　创建新模型 1

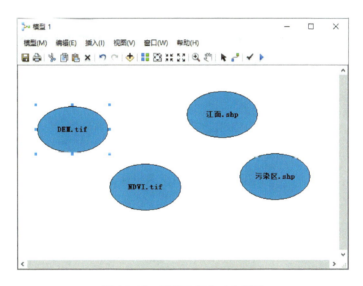

图 12-13　模型 1 包含 4 个图层

③打开【ArcToolbox】工具，如图 12-14。

图 12-14　ArcToolbox 打开方式

12.3.2 坡度分析

①点击【Spatial Analyst 工具】，选择【表面分析】，拖拽【坡度】至"模型 1"界面内。双击【坡度】，进行参数设置，输入栅格选择【DEM.tif】，输出测量单位【PERCENT_RISE】，点击【确定】，如图 12-15。

②选择【重分类】，拖拽【重分类】工具至"模型 1"界面内，双击【重分类】，进行参数设置，输入栅格选择【Slope_tif1】，如图 12-16。

③点击【添加条目】，按照 0—2.5、2.5—5、5—7.5、7.5—10、10—15、15—20、20—25、25—30、30—35、35—45、45—300 进行设置。不要勾选【将缺失值更改为 NoData(可选)】，如图 12-17。点击【确定】，输出【Reclass_Slop1】，如图 12-18。

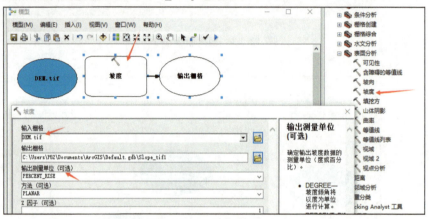

图 12-15　坡度工具设置

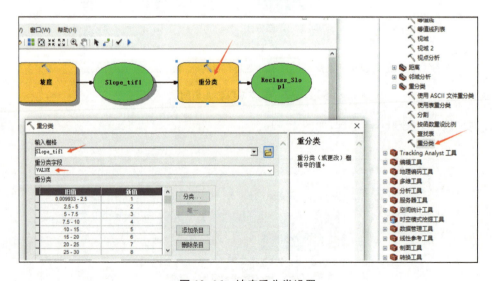

图 12-16　坡度重分类设置

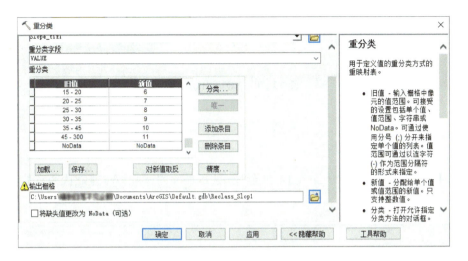

图 12-17　坡度重分类分区

图 12-18　坡度分析模型

12.3.3　植被敏感性分析

拖拽【重分类】工具至"模型 1"界面内，双击【重分类(2)】，进行参数设置，输入栅格选择【NDVI.tif】。点击【分类】，按照【自然间断点分级法(Jenks)】分为 10 类别进行赋值，如图 12-19。需要注意的是，真实项目中要根据 NDVI 因子实际情况来分类。NDVI 分析模型如图 12-20。

图 12-19　NDVI 重分类

图 12-20 NDVI 分析模型

12.3.4 水体敏感性分析

①选择【距离】,拖拽【欧氏距离】工具至"模型 1"界面内,然后双击【欧氏距离】,进行工具参数设置,如图 12-21。

图 12-21 欧氏距离工具设置

②拖拽【重分类】工具对水体敏感性进行标准化打分,然后双击【重分类】,进行工具参数设置,输入栅格选择【EucDist_shp1】。点击【添加条目】,水体敏感性江面打分为:0—50 米 10 分,50—100 米 8 分,100—200 米 4 分,200 米以上 0 分。不要勾选【将缺失值更改为 NoData(可选)】,如图 12-22。点击【确定】,输出【Reclass_EucD1】,如图 12-23。

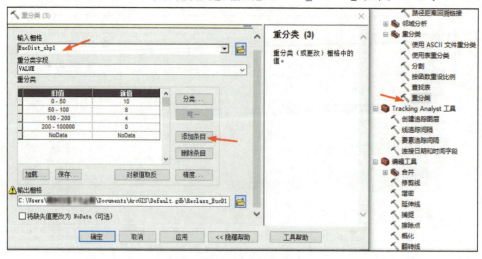

图 12-22 水体敏感性分区得分

图 12-23　水体敏感性分析模型

12.3.5　环境敏感性分析

重复 12.3.4 的处理步骤,设置【欧氏距离】和【重分类】,对污染区进行距离计算和打分(图 12-24、12-25)。污染距离分为:0—100 米 10 分,100—200 米 8 分,200—300 米 6 分,300—500 米 4 分,500—700 米 2 分,700 米以上 0 分。最终的污染区分析模型如图12-26。

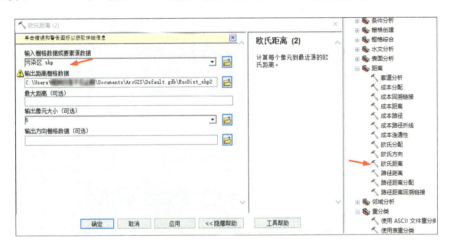

图 12-24　欧氏距离工具设置

图 12-25　环境敏感性分区得分

图 12-26 污染区分析模型

12.3.6 综合分析模型

①点击【Spatial Analyst 工具】,选择【叠加分析】,拖拽【加权总和】至"模型 1"界面内,如图 12-27。叠加生成综合评定得分,拖拽【加权总和】工具,加入产生的四个因子得分,权重分别为 0.25,如图 12-28。

②右键单击【污染区.shp】【江面.shp】【NDVI.tif】【DEM.tif】,然后选中【模型参数】选项,变量旁边将显示字母 P,如图 12-29。最终结果如图 12-30。

③点击【自动布局】进行排版,重命名参数,方便模型 1 流程使用。最后点击【验证整个模型】和【运行】,形成最终生态模型(图 12-31)。

图 12-27 加权总和工具位置

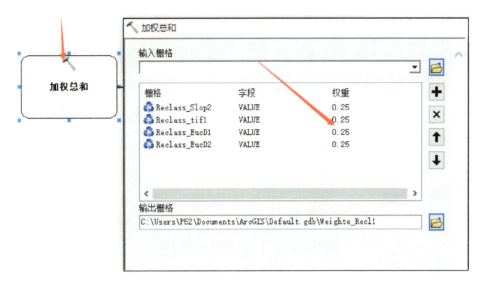

图 12-28　设置权重

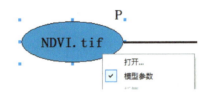

图 12-29　为模型 1 变量创建模型参数

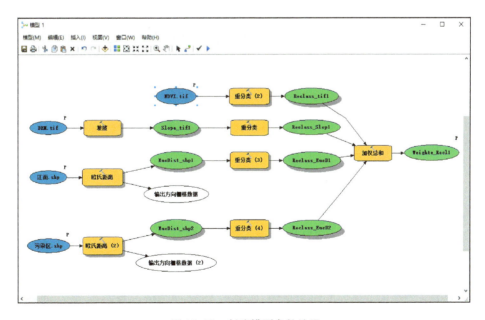

图 12-30　创建模型参数结果

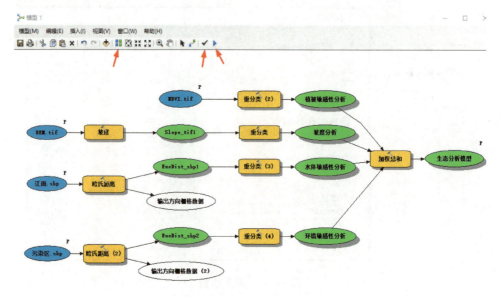

图 12-31　最终生态分析模型

12.3.7　符号化应用

根据具体案例进行生态敏感性等级划分和布局，生成图层，最后进行符号化。

①右击目录中的【模型 1】，选择【属性】，如图 12-32。

图 12-32　选中【属性】

②勾选【环境】下【处理范围】里的【范围】，以及【栅格分析】里的【像元大小】后，点击【值…】。将范围改为【与图层 DEM.tif 相同】，将像元大小改为【如下面的指定】"5"，如图 12-33。点击【确定】，得出的生态分析模型现状如图 12-34 所示。

③设置生态分析模型属性的符号系统，类别改为 5，标注依国家标准命名，如图 12-35。在布局视图中，选择放大镜调整图层大小，添加标题、图例等元素，生成最终结果如图 12-36。

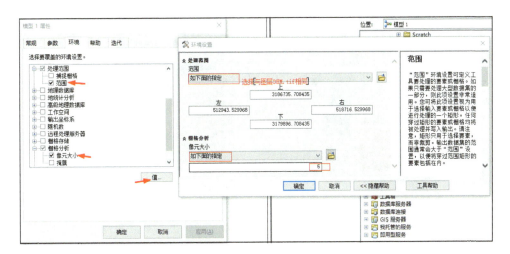

图 12-33　模型 1 属性修改步骤

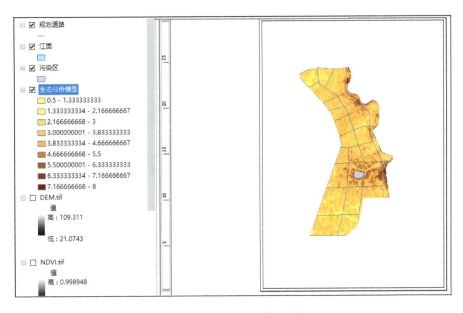

图 12-34　生态分析模型现状

第十二章　模型构建器　175

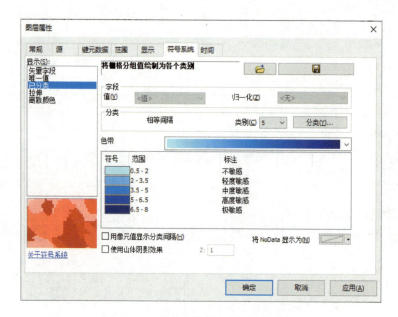

图 12-35　修改生态分析模型符号系统

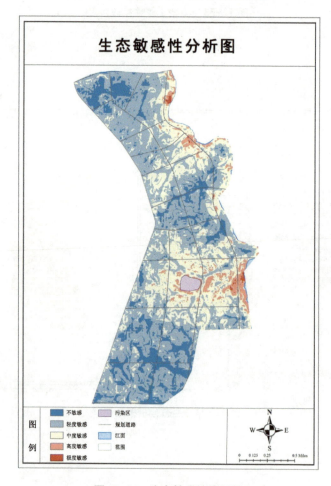

图 12-36　生态敏感性分析图

第十三章 地理设计

13.1 国土空间规划的地理设计要求

2018年中共中央机构改革,对规划相关业务管理部门进行了重大调整。具体机构调整按照国家"三定"方案,主要包括六部分内容:一是职责调整,即明确部门取消、划出移交、划入和增加以及加强的职责;二是主要职责,即规定部门的主要职能和相应承担的责任;三是内设机构(一般部门内的司局机构),即确定部门内设机构的设置和具体职责;四是人员编制,即核定部门的机关行政编制数、部门和内设机构的领导职数;五是其他事项,即明确有关部门的职责分工、部门派出机构和直属事业单位的机构编制事宜等;六是附则,即明确"三定"规定是由谁解释和调整的事宜。简单地说,"三定"规定就是对国务院的部门是干什么事情的、有哪些内设机构、内设机构的职责是什么、部门有多少人员编制和领导职数等做出具体规定。

中华人民共和国自然资源部是根据党的十九届三中全会审议通过的《中共中央关于深化党和国家机构改革的决定》《深化党和国家机构改革方案》和第十三届全国人民代表大会第一次会议批准的《国务院机构改革方案》设立。自然资源部是将国土资源部的职责,国家发展和改革委员会的组织编制主体功能区规划职责,住房和城乡建设部的城乡规划管理职责,水利部的水资源调查和确权登记管理职责,农业部的草原资源调查和确权登记管理职责,国家林业局的森林、湿地等资源调查和确权登记管理职责,国家海洋局的职责,国家测绘地理信息局的职责进行整合,作为国务院组成部门。自然资源部对外保留国家海洋局牌子。该部门的成立,是为统一行使全民所有自然资源资产所有者职责,统一行使所有国土空间用途管制和生态保护修复职责,着力解决自然资源所有者不到位、空间规划重叠等问题,实现山水林田湖草整体保护、系统修复、综合治理。

自然资源部统筹下的国土空间规划理念为地理设计提供了更大的应用舞台。《中共中央国务院关于加快推进生态文明建设的意见》《国家新型城镇化规划(2014—2020年)》均强调了新规划理念与技术方法的引入,特别是信息化技术的支撑作用,要求从空间布局层面平衡社会发展与生态保护间的需求,制定规划方案。《省级国土空间规划编制指南(试行)》中同样提到要运用国土空间地理设计方法,结合全域旅游,加强区域自然和人文景观的整体保护和塑造,充分供给多样化、高品质的魅力国土空间。

科学的空间布局,要求全面掌握规划所处区域内复杂多样要素的现状、空间分布、相互关系及其演变规律,并对规划实施后可能产生的结果进行预测和评估,这就需要依赖于高效、精准获取的时空地理信息数据,以及提供全过程要素作用关系与作用效果的分析和评估。因此,原有的空间规划需要新的数据、技术、流程和方法来提升,而地理信息科学是支撑自然资源管理的核心理论基础。

地理设计的理念和技术框架本身就与当前自然资源部统筹的思路相适应,是落实国土空间规划的高效科学的技术手段,可行性强、包容度高,能很好地适应大数据和跨界融合思维。

13.2 地理设计概述

13.2.1 地理设计的概念

地理设计是一种将规划设计活动与基于GIS的实时动态(或准实时)环境影响模拟紧密联系的决策支持方法论。哈佛大学卡尔最早系统论述这一方法论,指出:"地理设计即有意地改变地理。"地理设计是一个设计框架,该框架包含了配套的地理信息技术,保证专业人员(设计师)在设计时严格遵循自然系统。地理设计通过为设计者提供强大工具快速评估这些设计的影响,把地理学与设计结合起来;也为设计带来科学的手段和以价值为基础的信息,从而帮助设计师、规划师以及利益相关者做出更明智的决策。地理设计并非是一个新的学科,而是一种新的理念,是在技术上借助地理信息系统,整合并协调诸如城市规划、风景园林、建筑设计等传统学科的一种集成努力。

当前中国规划的新时代正在到来,地理设计的方法论显得越发重要。地理设计不仅能连接基于科学和特定价值的设计系统,还可以权衡利弊,提供从多学科角度高屋建瓴地看待问题、解决冲突的框架。

地理设计主要涉及四类人群:一是本地居民或工作人员;二是地理科学家;三是设计人员;四是信息技术人员(图13-1)。本地居民或工作人员,他们有两个基本角色:一是提出地理设计变化需求,二是审核最终改变决定将对该区域带来的影响。地理科学家,即自然和社会科学家,包括地理学家、水文学家、生态学家,以及一些经济和社会学家。设计人员,包括建筑师、规划师、城市设计师、风景园林师、土木工程师、银行家及律师等。信息技术人员,如地理信息系统应用专家等。

图 13-1 地理设计涉及人群

13.2.2 地理设计的框架

整个地理设计由六个步骤、一至多个轮回组成。六个步骤分别对应回答六个问题。整个地理设计的过程,第一个轮回为正方向,从问题1至6,以回答研究目的为主;第二个轮回为反方向,由问题6到1,提出解决研究问题的方法;第三个轮回再由正方向问题1至6,是回答目的、地点以及时间的问题。当然,每个地理设计都不一样,有的只需要一个轮回,有的需要四至五个,一般需要二至三个轮回(图 13-2)。

图 13-2　地理设计步骤

13.3　地理设计模型案例

本书以笔者的研究作为地理设计案例,该案例涉及过程模型、评估模型、变化模型,不涉及完整的地理设计过程,仅在此抛砖引玉,希望能够给广大设计与研究人员以启示。

13.3.1　案例区域概况

案例区域位于天津市滨海新区,囊括全部汉沽区、塘沽区、东丽区和大港区,以及部分津南地区,市域总面积 227 平方公里,为半湿润温带季风性气候。研究区是包含 153 公里海岸线的陆地与海洋生态系统复合区域,位于天津的东部地区,与渤海湾毗邻。湿地具有高度的多样性,包括发达的河网,汇入大海处主地貌类型包括潟湖、滩涂以及滨海平原。该地区生物量小,自然植被类型少,植被覆盖率低。具有服务功能的林地面积较少;草地零星分布在湿地附近,面积较小(图 13-3)。

天津城市的结构特点属于典型的"一条扁担挑两头"布局特征,此次的研究区域位于天津市的东半部分,也是京津唐地区土地规划范围内的着重开发区域,拥有国家综合配套改革试验区和国家新区,是天津重点工业开发区。该地区在多年的发展中积累了雄厚的经济基础和完善的基础设施,集中了经济技术开发区、保税区、天津港和滨海国际机场等重要开发区和交通设施。2005—2017 年间,城乡建设用地从 689 平方公里增加到 1 129 平方公里。

13.3.2　变化模型

本案例通过 CA 模型影响因子选择与评估模型研究结果,为 CA 过程模拟输入提供基础数据,最后为过程评价和决策提供依据。改进 logistic-CA 模型以模拟面积为计算停止条件,这种方法能够了解城市扩展的空间过程。logistic-CA 模型同样由四个部分组成,分别是

图 13-3　案例区域范围

元胞、状态、邻域、规则,可以用下式表示:

$$S_{ij}^{t+1} = f(S_{ij}^t, \Omega_{ij}^t, Con, N) \tag{1}$$

其中,f 是转换规则函数,元胞 ij 在时间 t 和 $t+1$ 的状态以 S_{ij}^t 和 S_{ij}^{t+1} 来表示,Ω_{ij}^t 是在位置 ij 上邻域的空间发展状况,总约束条件为 Con,元胞大小为 30 m,N 是元胞数目 24 个。

转换规则采用 logistic 二元回归方法,logistic 转换规则可表示为:

$$P_{d,ij}^t = [1+(-\ln r)^\alpha] \times \frac{1}{1+\exp(-z_{ij})} \times Con(S_{ij}^t) \times \Omega_{ij}^t \tag{2}$$

其中,区位的土地开发适宜性用 $\dfrac{1}{1+\exp(-z_{ij})}$ 描述,z 是描述单元 (i,j) 开发的特征向量,$z = b_0 + b_1 x_1 + b_2 x_2 + \cdots + b_k x_k$,$b_0$ 是一个常量,b_k 是 logistic 回归系数,x_k 是一组影响转换的变量;$1+(-\ln r)^\alpha$ 为随机项,r 为值在(0,1)范围内的随机数;α 为控制随机变量影响大小的参数,取值范围为 1~10 的整数,本文根据研究区城市规划执行情况,在经过专家咨询后,决定 α 取值为 8。

本案例使用作者黄焕春开发的 logistic-CA 模型软件,对天津市滨海地区城市扩张形态在 2020 年的情况结合三种情景进行预测,即历史外推情景、内生发展模式和外生发展模式。

三种情景的 logistic 回归系数输入软件(表 13-1)。设置 200 次为迭代次数,模拟城市形态扩张至 1710 平方公里的过程。将河流、高速出入口、高速公路、铁路、航道、国家级道路、省级道路、县乡级道路、城市火车站、城市机场、城市道路、规划布局、规划铁路、市中心影响等共计 15 个要素作为影响因子。模拟结果如图 13-4 所示。

表 13-1 三种情景 logistic 回归系数

情景	b_1	b_2	b_3	b_4	b_5	b_6	b_7	b_8	b_9	b_{10}	b_{11}	b_{12}	b_{13}	b_{14}	b_{15}
A	3.28	−1.33	0.73	4.34	−1.36	−0.48	0.43	−1.82	−6.25	−11.82	−4.78	1.61	−3.83	0.64	−10.31
B	2.04	−0.82	0.45	2.69	−0.84	−0.30	0.27	−1.13	−9.37	−17.73	−7.16	1.00	−2.38	0.40	−6.41
C	2.67	−2.65	0.59	3.53	−2.72	−0.39	0.35	−3.63	−5.08	−9.62	−3.88	1.31	−7.67	0.52	−8.39

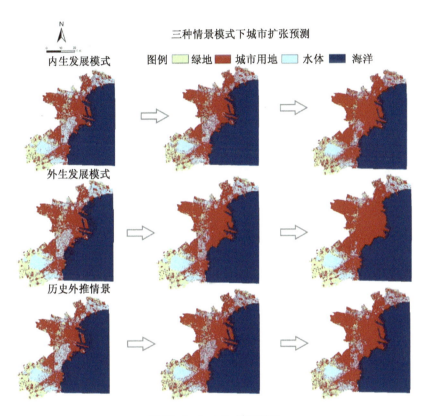

图 13-4 logistic 模拟结果

13.3.3 影响模型——生态安全格局分析

(1) 单因子生态安全格局

对水生态安全、大气安全、生物保护安全、历史文化安全四项,分别通过各自影响因子进行叠加,得到单因子安全格局。

其中,通过对河流廊道宽度、水库保护及汇水线保护等因子的叠加可得相应数据,然后对数据进行标准化处理,评分用 0~10,从而得到水生态安全格局。根据不同区域大气净化能力,将其由低到高划分为 5 级,并将其标准化为 0~10。根据天津市的主导风向及区域净化能力的差异,确定主要绿地、河流的通风廊道,从而评价大气安全格局。选取 200 米宽度建立生物护廊道,以此作为生物安全格局核心指标。通过建立不同范围的环境协调区,赋予其相应的评分,应用 ArcGIS 生成文物古迹安全格局图及风景区安全格局图,进而得到历史文化安全格局。

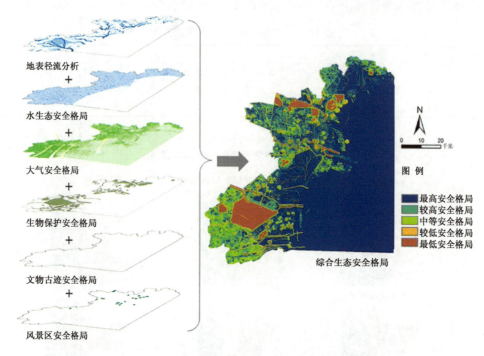

图 13-5　文物古迹安全格局图及风景区安全格局图

(2) 综合生态安全格局

加权叠加水生态安全、大气安全、生物保护安全、历史文化安全 4 个单因子安全格局,构建天津市滨海新区综合生态安全格局(图 13-5)。最终可得到最高安全格局区 917.55 平方公里,占总面积的 37.53%;较高安全格局区 663.69 平方公里,占总面积的 27.16%;中等安全格局区 465.09 平方公里,占总面积的 19.03%;较低安全格局区 264.97 平方公里,占总面积的 10.84%;最低安全格局区 132.68 平方公里,占总面积的 5.43%。其中,高生态安全格局是城镇系统与自然生态系统物质与能量集中与交互的地区,属于生态安全格局中的"试验区",可以进行限制性的开发建设;中等生态安全格局是围绕基本生态安全格局的"缓冲区",应归入限制建设区域;低安全格局是生态系统重要的源头和组成的关键区域,是生态安全格局的"核心区",是城市生态保护不可挑战的底线,应归入城市规划的禁止或限制建设区域。

13.3.4　决策模型——合理优化途径

(1) 城市扩张模式分析

通过模拟三种不同发展模式下城市在未来扩张至 1 710 平方公里后的形态及生态安全格局情况,分析三种不同模式对城市发展与生态安全格局造成的影响。

"历史外推情景"下,建设用地以"摊大饼"的形式沿主要交通线路扩张,各城镇和街道建设用地相继连片开发,削弱了生态服务功能。由图 13-6 可见,部分集聚的城市扩张位于低生态安全格局的河流湖泊周边,影响了水动力、水生态安全,导致正常陆地冲刷削弱,土壤盐碱化加重,影响了生物的迁徙及生物多样性的保护,并且易产生大气污染,对城市的生态安全有较大的威胁。

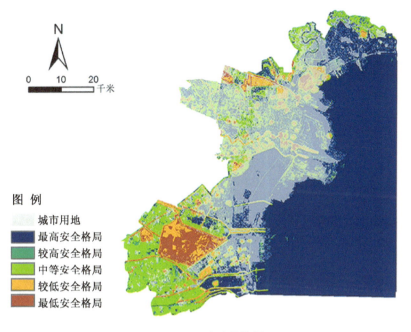

图 13-6 历史外推情景

"内生发展模式"下,通过内部机制的运行实现城市发展,对城市老城区的依赖大,所以中北部地区建设用地依然连片发展,主城区在高密度现代建设的同时,绿地和自然生态环境斑块变得十分有限,严重离散化的斑块对城市景观空间格局带来不利影响。由图 13-7 可见,在内生发展模式下,在低安全生态格局区多形成集聚的城市,对水、大气、生物多样性等均有不良影响,降低生态服务功能。

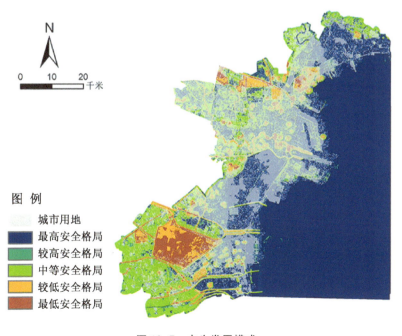

图 13-7 内生发展模式

第十三章 地理设计

"外生发展模式"下,城市主要依靠区域的交通设施等,在扩张过程中,生态功能保持较好,能够有效阻止老城区"摊大饼"的无序蔓延。城市建设用地和生态保护用地之间有着良好的缓冲与过渡,生态用地得到较好的保护,但各区域之间的城市相互联系较弱,需要强有力的交通连接。由图13-8可见,此种发展模式下,城市扩张区域多位于较高安全格局中,对生态环境破坏较少,生态安全威胁最小。

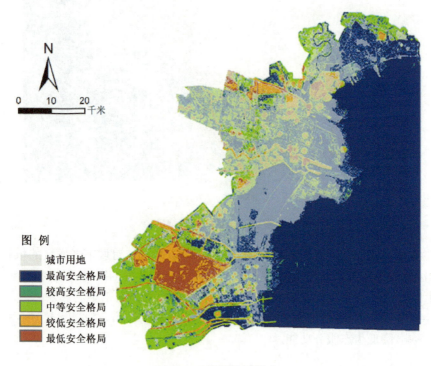

图13-8 外生发展模式

(2) 合理优化途径

优化城市空间结构。以人口、资源、环境容量为约束条件,结合城市空间扩张过程模拟结果,确定城市总体结构优化路径——引导城市构建多中心结构,构建以生态城、空港城、大港城三个片区为核心的三个公共服务中心,发挥特大城市在国土空间规划的带动功能(图13-9)。统筹汉沽城区、空港城,统筹高新区、开发区西区,由生态城统筹发展,形成一体发展格局;加强大港城与油田生活区联动发展,完善公共服务设施配置。

交通合理引导。城区向外扩展沿着主导交通干线发展,因此在城市发展时注重外围交通发展,使外围交通发挥支撑作用。加强中塘、大港、主城几个核心之间的交通联系,通过主城区周边城镇的发展和道路系统的建设,城市形态将从单一的向心结构发展为城市群形态。将城市规划建设的环路绿色廊道系统和城郊公路网绿地系统相融合,使主城区与周边城镇自然联系在一起。

建设永久生态绿地。在城市不断扩张过程中,必须因地制宜地建设城市绿地系统,完善提升城市生态服务功能。天津市可依托北部"大黄堡—七里海"湿地周边的郊野公园和南部"北大港水库—团泊洼水库"湿地,以及生态绿环、城市绿楔,共同形成"城在绿中"的生态绿地空间布局,避免城市绵延发展,遏制城市热岛效应,强化南北生态要素联系。同时,依托高

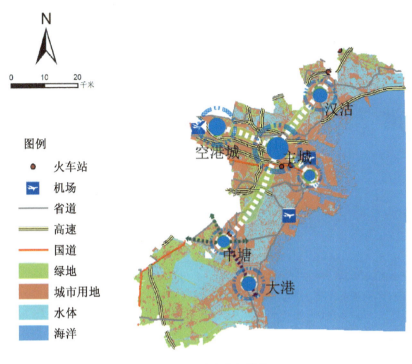

图 13-9 城市空间结构

速绿化带,规划海河中游绿廊,形成南北通达的三条湿地生态廊道,完善城市生态廊道的主体骨架。

严格三区划定与监管。推进新型城镇化,依据主体功能区划定位,以环境质量、人居生态、自然生态等要素,进行三区划定与分类保护。严格划定禁建区、适建区与限建区,禁建区内原则上禁止与生态保护和修复工程无关的城乡开发建设行为;适建区内的开发建设活动,按照城镇开发边界的相关要求进行;城市开发建设活动应避让限建区。通过调控土地出让价格,改善城市扩张在一些区域集聚的现象,促进城市扩张相对分散,在生态脆弱的区域提高土地价格。

工业的迁移引导。引导产业有序集聚,依托现有产业集聚区优势,集中建设新型生态的工业区组团,使得建设用地以更为高效、紧凑、集约的方式扩展。形成紧凑、合理的建设用地布局,并使产业发展有利于充分合理利用滨海资源、土地资源、森林资源、湿地资源和耕地资源,形成城乡一体的网络型开敞式复合生态系统,充分保障城乡生态系统的安全和健康。

划定城市增长边界。以安全和谐的生态环境保护格局为基础,尊重自然、顺应自然、保护自然,坚持以人口、资源、环境均衡,以生态环境资源承载力为基础,划定城市增长边界、保护生态红线,用最严格的政策对城市增长边界进行限制。规划时需要严格控制城镇开发边界外的各项建设活动,除重大交通设施、必要的市政公用设施、旅游设施和公园外,原则上不得在城镇开发边界外安排城镇用地指标、不得颁发建设用地规划许可。

参考文献

[1] 汤国安,杨昕. ArcGIS 地理信息系统空间分析实验教程[M]. 北京:科学出版社,2006.
[2] 黎夏,刘小平,李少英. 智能式 GIS 与空间优化[M]. 北京:科学出版社,2010.
[3] 刘湘南,王平,关丽等. GIS 空间分析[M]. 3 版. 北京:科学出版社,2017.
[4] 韩贵锋,孙忠伟. 城乡规划 GIS 空间分析方法[M]. 北京:科学出版社,2018.
[5] 宋彦,彭科. 城市空间分析 GIS 应用指南[M]. 北京:中国建筑工业出版社,2015.
[6] 牛强. 城乡规划 GIS 技术应用指南 GIS 方法与经典分析[M]. 北京:中国建筑工业出版社,2018.
[7] 牟乃夏. GIS 应用与开发丛书·ArcGIS 10 地理信息系统教程:从初学到精通[M]. 北京:测绘出版社,2012.
[8] [美]王法辉. GIS 和数量方法在社会经济研究中的应用[M]. 刘凌波,译. 北京:商务印书馆,2019.
[9] Huang H C, Deng X, Yang H L, et al. Spatio-Temporal Mechanism Underlying the Effect of Urban Heat Island on Cardiovascular Diseases[J]. Iranian Journal of Public Health,2020, 49(8):1455-1466.
[10] Huang H C, Yang H L, Deng X, et al. Analyzing the Influencing Factors of Urban Thermal Field Intensity Using Big-Data-Based GIS[J]. Sustainable Cities and Society,2020,55.
[11] 黄焕春,运迎霞,李洪远,等. 建筑密度与夏季热岛的尺度响应机制[J]. 规划师,2015,31(12):101-106.
[12] 黄焕春,运迎霞,苗展堂,等. 城市扩展影响下生态系统服务的多情景模拟和预测:以天津市滨海地区为例[J]. 应用生态学报,2013,24(3):697-704.
[13] 苗展堂,黄焕春,运迎霞. 社会经济发展中农村基础设施优化配置调控规律分析[J]. 吉林师范大学学报(自然科学版),2013,34(2):78-83.
[14] 黄焕春,运迎霞,王思源. 基于 GIS、RS 的城乡空间管制区划研究:以舞钢市为例[J]. 吉林师范大学学报(自然科学版),2013,34(3):111-115,119.
[15] 柯林·罗,弗瑞德·科特. 拼贴城市[M]. 童明,译. 北京:中国建筑工业出版社,2000.
[16] 邬伦. 地理信息系统:原理、方法和应用[M]. 北京:科学出版社,2001.
[17] https://www.coursera.org/learn/gis-mapping-spatial-analysis-capstone/
[18] Jenson S K, Domingue J O. Extracting Topographic Structure from Digital Elevation Data for Geographic Information System Analysis[J]. Photogrammetric Engineering and Remote Sensing,1988,54 (11):1593—1600.
[19] Esri. ArcGIS Notebooks[M]. Environmental Systems Research Institute published,2019.